六代目山口組ドキュメント 2005～2007

溝口 敦

講談社＋α《プラスアルファ》文庫

＋α文庫版のためのまえがき

本書で扱うのは、弘道会の司忍（本名・篠田建市）が六代目組長に就任することになり、その後三年が経過するまでの山口組動向である。同時リポートというか、月間リポートの形で山口組の動きを追っている。

今思えば、この時代の山口組は清新の気に満ちていたのかもしれない。それまでの五代目組長・渡辺芳則があまりに自分の蓄財だけにかまけ、山口組の運営に意欲を持たなかったため、よけい直系組長たちの間で司組長への期待が高まっていた。何かいい変化、自分たちを引き上げてくれる措置が何か採られるはず、と感じていた。

五代目山口組は宅見勝若頭射殺事件以降、ベタ凪《なぎ》のため洋上で陽にあぶられて漂う帆船だった。何でもいいから動きがほしいと、たいていの者が望んでいた。

司忍の六代目取りはそれ自体が攻撃的だったから、目が覚める思いをした山口組関係者は多かったにちがいない。

山口組ではそれまで組長の座は終身だった。三代目・田岡一雄にしろ、四代目・竹中正久にしろ、彼らが死んでから次の組長が決まった。本来なら渡辺も死ぬまで五代目でいられるはずだった。

しかし、司忍、髙山清司若頭補佐(当時)らの一派はある種のクーデターを起こして渡辺の引退と司の六代目就任・襲名をもぎ取った。渡辺に詰め腹を切らせたのだ。民主的な組織なら、当然、異議が申し立てられたはずだが、暴力団は力ずくが基本である。渡辺の施政に飽き飽きしていた直参たち(直系組長)はあっさり政権交代を受け入れた。何によらず、変化は大歓迎だったのだ。

事実、司組長は六代目襲名早々に特大のホームランを放った。二〇〇五年九月、東京の名門組織、國粹会の工藤和義会長に舎弟の盃を与えて國粹会を傘下に引き入れ、首都東京に力強い一歩を記した。國粹会の系列化は山口組全体をひどく力づけた。さすが司組長はやることが違うと頼もしく感じた。

司組長は銃刀法違反で懲役六年の刑が最高裁で確定し、〇五年一二月、大阪拘置所に収監、ほどなく東京・府中刑務所に移されて服役した。留守を守ったのは髙山清司若頭であり、以後、彼はその辣腕ぶりを山口組の直系組長ばかりか、他団体や警察にまで見せつけて、舌を巻かせた。

〇七年二月、東京・西麻布で発生した住吉会系小林会・杉浦良一幹部射殺事件がその典型例であり、髙山は住吉会との和解でも遺憾なく豪腕を振るった。犯行をどこの誰と明かさないまま、いずれうちの関係者がやったことだろうから、と話し合いに持ち込んだのだ。

だが、山口組の攻勢の一方、内部では押し潰される者が出ていた。〇七年二月には國粋会・工藤和義会長が東京・台東区の自宅で拳銃自殺した。同年五月には山口組の有力組である山健組系多三郎一家・後藤一男総長が神戸で刺殺された。同じ山健組系列の者が後藤を殺したことは今では明らかだが、後藤の後、さらに山健組の中堅組員二人が血祭りにあげられた。

山口組の執行部からは渡辺五代目時代以来、名を連ねていた古参組長たちが一掃された。新旧交代を進めるというより、司と同一世代に属し、かつて同じ直系組長や幹部として肩を並べていた者たちは司や髙山に煙たがられ、追放されたといっていい。新旧の政権交代は交代実現時と、実現した後の組閣段階で情け無用の殺戮《さつりく》を行う。

山口組も例外でなかった。政権が確立し、安定に至るまでの間に多大の恨みと失望を残し、関係者の命を失わせた。発足時に見られた「清新の気」はごく短期間で失われ、単に山口組の本流が山健組から弘道会に替わっただけじゃないか、と多くの山口組関係者に倦怠感を覚えさせた。結局、司組長も味方身びいき。自分の出身団体だけが可愛く、それ以外の組に対しては信じる気持ちにもなれないのだ、と。

本書で扱う〇七年末までに、早くも興醒めた思いが山口組とその周辺に漂い始めていた。ただ司組長と髙山若頭が夢見たという「司幕府の創設」にはなおいくぶんかリアリティがあったことは確かである。

しかし、今ではそれも言下にナンセンス！　となろう。司幕府どころか、山口組をも含めた全暴力団が存亡の機に立たされている。

二〇一三年九月

溝口《みぞぐち》　敦《あつし》

（本文中の肩書等は二〇〇七年一二月時点のものであることをお断りしておく）

六代目山口組 ドキュメント 2005～2007◉目次

第一章　六代目体制始動

第二章　山口組一極化の影

六代目山口組　ドキュメント 2005〜2007

序章　「六代目取り」への叛乱

転機は渡辺五代目の敗訴

司忍組長が山口組六代目に就任できたのは運のよさでも、偶然の結果でもなかった。司組長はチャンスをずっと待つ忍耐と用意周到な計画、根気強い根回し、勘どころで果敢に攻める決断力などの結果、六代目の座を手中にしたといえる。

〇四年一一月二九日、山口組は緊急直系組長会を開いた。席上、岸本才三総本部長は、渡辺芳則五代目組長は今後、組の運営にいっさいタッチしない、今後は執行部の合議制で組を運営していく、と発表した。

渡辺五代目が長期静養に入ることの理由には、一一月一二日に下された最高裁の判決が挙げられた。岸本総本部長は居並ぶ直系組長たちを前に、おおよそ次のように語ったとされる。

「今後、民法上の『使用者責任』が親分に降りかかってくるのは必至である。親分は一五年以上の長きにわたって山口組の運営に腐心し、組のために尽くして来られた。お疲れも相当たまっている。執行部が執行部の責任のもと、合議制で組運営を行っていくと決めたのはすべて親分を守るためである」

最高裁は判決の中で、渡辺五代目の「使用者責任」と抗争の「事業性」を認め、渡辺五代目の上告を棄却して犠牲者遺族への賠償を命じた。

問題となった事件は一九九五年八月二五日未明に発生した。京都・下鴨《しもがも》署の藤武剛巡査部長（事件時四四歳）は、直前に起きた発砲事件の聞き込みで京都市左京区の会津小鉄会系の組事務所に立ち寄り、用が済んで事務所を出たところ、会津小鉄会系の組員と間違えられ、山口組系の三次団体、山下組の組員ら二人に銃弾を浴び、射殺された。

組員ら二人は殺人とその幇助《ほうじょ》でそれぞれ懲役一八年と七年の刑を受け、服役した。後に残された藤武巡査部長の妻と子供三人は実行犯の二人と、山下組組長・山下薫、それに渡辺芳則・五代目山口組組長の四人を相手取り、合計一億六四〇〇万円の損害賠償を求める訴えを京都地裁に起こした。

一審の京都地裁判決は実行犯二人と山下組長の賠償責任は認めたが、渡辺五代目については使用者責任を認めなかった。裁判の争点は、渡辺五代目が山口組系列下の末端組員の「使用者」に当たるか、抗争や殺害行為が組の「事業」といえるかどうか、にあった。

二審の大阪高裁判決は渡辺五代目が実行犯の組員を指揮監督できる使用者の立場にあった、発砲行為は組織の維持拡大に直接関わる行為で、渡辺五代目の事業と密接に関連しているとして、渡辺五代目にも賠償を命じた。

渡辺五代目は上告したが、最高裁判決は二審を全面的に追認し、渡辺五代目の使用者責任と発砲行為の事業性を認め、賠償責任があるとした。

渡辺五代目はこれで完全に敗れたわけだが、しかし、この最高裁判決が渡辺五代目に「実質的な引退」を決意させるほどの迫力を持っていたかどうかは疑わしい。現在、山口組では直系組長が引退すれば、一億円前後の慰労金が支払われる。もちろん、ふつうのサラリーマンの退職金に比べれば高額だが、彼らの金銭感覚は並みの直系組長でさえ一億円といった高い水準にある。まして渡辺五代目は組長の座にあった一五年間で数百億円のカネを貯えたと伝えられる。

それに比べ一億六四〇〇万円は何ほどの額でもなかったろうが、とにかく渡辺五代目はこの時点で山口組の運営権を手放すことを認めた。山口組の執行部は、渡辺五代目に最高裁判決の破壊力と影響性の大きさを大仰《おおぎょう》に言い立て、脅し、すかしの説得を行ったはずである。

つまり〇四年一一月二九日に開かれた直系組長会が司六代目実現に向けた工作の第一歩となった。これにより、ようやく猫の首に鈴がつけられたのだ。

司―髙山ラインの確保

しかし、渡辺引き下ろしと司六代目への工作は、九七年八月に発生した中野会による宅見勝若頭射殺事件の前にまでさかのぼる。それどころか宅見射殺事件は、宅見若頭が主導した渡辺引き下ろし工作に対する反作用として強行された一面を持つ。だが、これについては拙著『カネと暴力と五代目山口組』（竹書房刊）で触れているので、ここでは繰り返さない。

司忍はこの時点ではまだ弘道会の会長であり、山口組の若頭補佐の一人に過ぎなかった。彼は年が明けた〇五年初めから六代目取りへの体制づくりに入る。

みずからは弘道会の総裁になると同時に、弘田組（司の親分だった弘田武志が率いた組の再興）の組長になり、弘道会の若頭だった髙山清司を二代目弘道会会長に据えるのだ。司会長は六代目を取るにしても、それまで弘道会で実際に稼働《かどう》していた司忍―髙山清司のラインを、そのまま山口組に持ち込めるよう、ひとまず分身の術を使ったといえる。

〇五年四月五日、山口組の定例会で、二代目弘道会会長に昇格したばかりの、それまでの初代弘道会・髙山清司若頭が山口組直系組長の一人に昇格した。ふつう直系組で代替わりがあれば、前の組長は引退し、新規の組長だけが直系組長に上がる。だが、弘道会では先の分身の術により、司忍も直系組長で若頭補佐、髙山清司も直系組長という異例の人事が行われた。

同時に三代目山健組からは橋本弘文組長代行と太田守正相談役の二人が直系組長に上がった。当時、弘道会と山健組は山口組内の二大勢力とされ、弘道会四〇〇〇人、山健組七二〇〇人と唱えられていた。

三人の直系組長への昇格は、一見、二大勢力のバランスを考えたかのような人事と思えるが、実際には作用が逆だった。つまり弘道会は司―髙山ラインがそのまま山口組本部に乗り込めたのに対し、山健組は橋本と太田という三代目山健組内の有力勢力を抜擢するという名目下に「抜かれた」、勢力を差し引かれたのだった。当然、司六代目の実現は五代目からの奪権運動でもあったから、五代目が拠って立つ山健組の勢力を削ることは司組長にとって、きわめて望ましい事態だった。

山健組の内部事情

こうした人事を実現するためには執行部の理解と協力を得なければならないが、執行部は司―髙山ラインの構想をスムーズに叶えた。おそらくこのころには渡辺五代目では山口組がたちいかなくなるという認識が広く行きわたっていたはずである。渡辺五代目には金銭欲の激しさや吝嗇《りんしょく》、無定見など、いくつか欠点があったが、彼の信用を根底から突き崩したのは、中野会による宅見勝若頭射殺事件の発生と、その事後処理をめぐる言動の不明朗さだった。山口組の直系組長たちに言わせれば、渡辺は若頭殺しを容認するような親分で、信用しろといわれても無理と受け止められたのだ。

当時、三代目山健組・桑田兼吉組長は銃刀法で有罪を宣せられた上、肝臓病を悪化させて、山口組の人事どころではなかったろうが、彼もまた意外なことに渡辺五代目とは反目していた。渡辺五代目が山健組の中で心底頼みにしていたのは、当時まだ山健組の枝の組、健竜会の会長にすぎず、山健組では若頭の役職にあった井上邦雄だけだった。渡辺とすれば、一刻も早く桑田兼吉を山健組の組長から下ろし、井上邦雄を次の山健組組長に据えなければ、司側に対抗できない状況にあった。

だが、井上邦雄を山健組の組長として立ち上がらせようにも、天井がつかえていた。彼の上には橋本弘文・極心連合会会長など、有力な先輩が何人もいた。橋本は桑田兼吉が三代目山健組を継いで以来の山健組若頭であり、〇三年五月、桑田組長の銃刀法での有罪が確定した後は山健組の組長代行となった(このとき、それまで山健組の若頭補佐だった井上邦雄が若頭に上った)。桑田の後、山健組を誰が継ぐかとなれば、真っ先に名が挙がるのは橋本弘文であり、井上邦雄はかなり下位にあった。

そのため、渡辺―井上邦雄ラインにとっても橋本弘文の直系組長昇格は、彼が山健組から外れ、より井上を次の山健組組長に据えやすい状況ができたことを意味して、歓迎すべきことだった。このとき同様に直系組長に昇格した太田守正・太田会会長も同様である。彼は渡辺が創設した健竜会の副会長を長くつとめ、三代目山健組では舎弟頭に任じられていた。井上邦雄より四代目山健組の組長の座に近く、彼が直参に直ることは同じく山健組からの外れを意味して、渡辺―井上ラインにとっては受け入れやすいことだった。

「司だけは若頭にしたくない」

〇五年五月一〇日、山口組の定例会が開かれたが、このとき以降、事は風雲急を告げた。宅見勝若頭の射殺から約八年間も空席だった若頭の座に司忍が座ると決まったのだ。

岸本才三総本部長が発表した。

「執行部全員の賛同のもと司忍氏を推挙、若頭に決定した」

このとき山口組の運営から離れていた渡辺五代目の意向がどうであるかについては言及されなかった。おそらく意見さえ求められなかったのだろうが、聞かれれば、渡辺五代目は司の若頭就任に反対したにちがいない。宅見の射殺事件以降、何度か若頭人事が取り沙汰されたが、その間、「司だけは若頭にしたくない」という渡辺の思いは広く知られるようになっていた。

渡辺五代目は山口組の運営から手を引かされた上、ここで急激に司忍という対抗勢力が浮上したことを目の当たりにした。司若頭の実現は渡辺五代目を助けるものではなく、逆に渡辺を放逐《ほうちく》する勢力がいよいよ本性を現したことを意味した。だが、渡辺五代目が司若頭に対抗しようにも当時の執行部には、積極的に渡辺に肩入れする人物は誰も存在しなかった。

執行部は一〇人から成っていた。若頭に上る司忍を除けば、岸本才三総本部長（岸本組）、野上哲男副本部長（二代目吉川組）を中心に、若頭補佐の五人、つまり英五郎・英組組長、瀧澤孝・芳菱会総長、桑田兼吉・三代目山健組組長、古川雅章・古川組組長、後藤忠政・後藤組組長、他に舎弟頭補佐の三人、石田章六・章友会会長、大石誉夫・大石組組長、西脇和美・西脇組組長である。

六月六日に開かれた次の定例会で、司若頭の陣営はさらに追い討ちを掛けた。新たに三人の若頭補佐を任命し、旧来の五人に加えたのだ。入江禎・二代目宅見組組長、前月直系若衆に取り立てられたばかりの髙山清司・二代目弘道会会長と橋本弘文・極心連合会会長の三人である。

七月五日の定例会では山口組中部ブロックのブロック長に髙山清司・二代目弘道会会長が、大阪南ブロックのブロック長に橋本弘文・極心連合会会長がそれぞれ就くと発表された。

そして七月二九日、臨時直系組長会が開かれ、その席で司忍の六代目組長就任と、渡辺芳則五代目組長の引退が発表された。

山口組は七月二五日、最高幹部会を開いて人事の大枠を決めたが、渡辺芳則五代目が引退するとしても、その後、新設の総裁、あるいは名誉総裁に就くか就かないかは、最後まで決着が着かなかった。七月二七日、産経新聞と夕刊フジは「渡辺五代目が名誉総裁に就任し、山口組六代目組長には司忍若頭が決まった」と速報したが、渡辺は総裁にも名誉総裁にも就かず、この部分は結果的に誤報となった。しかし臨時直系組長会が開かれる前日、二八日までぎりぎりのつばぜりあいが繰り広げられた結果、誤報になったのである。

六代目山口組本家組織図

組長
- 六代目山口組 組長 司 忍 S59・6

若頭
- 二代目弘道会 高山清司 愛知 H17・4

総本部長
- 二代目宅見組 入江 禎 大阪 H9・12

若頭補佐
- 極心連合会 橋本弘文 東大阪 H17・4
- 俠友会 寺岡 修 洲本 H4・2
- 二代目伊豆組 青山千尋 福岡 H5・5

幹部
- 大原組 大原宏延 大阪 H1・12
- 毛利組 毛利善長 吹田 H10・10
- 光生会 光安克明 福岡 H13・12
- 五代目國粹会 藤井英治 東京 H19・3
- 三代目織田組 高野永次 中央 H18・9
- 六代目清水一家 高木康男 静岡 H15・12

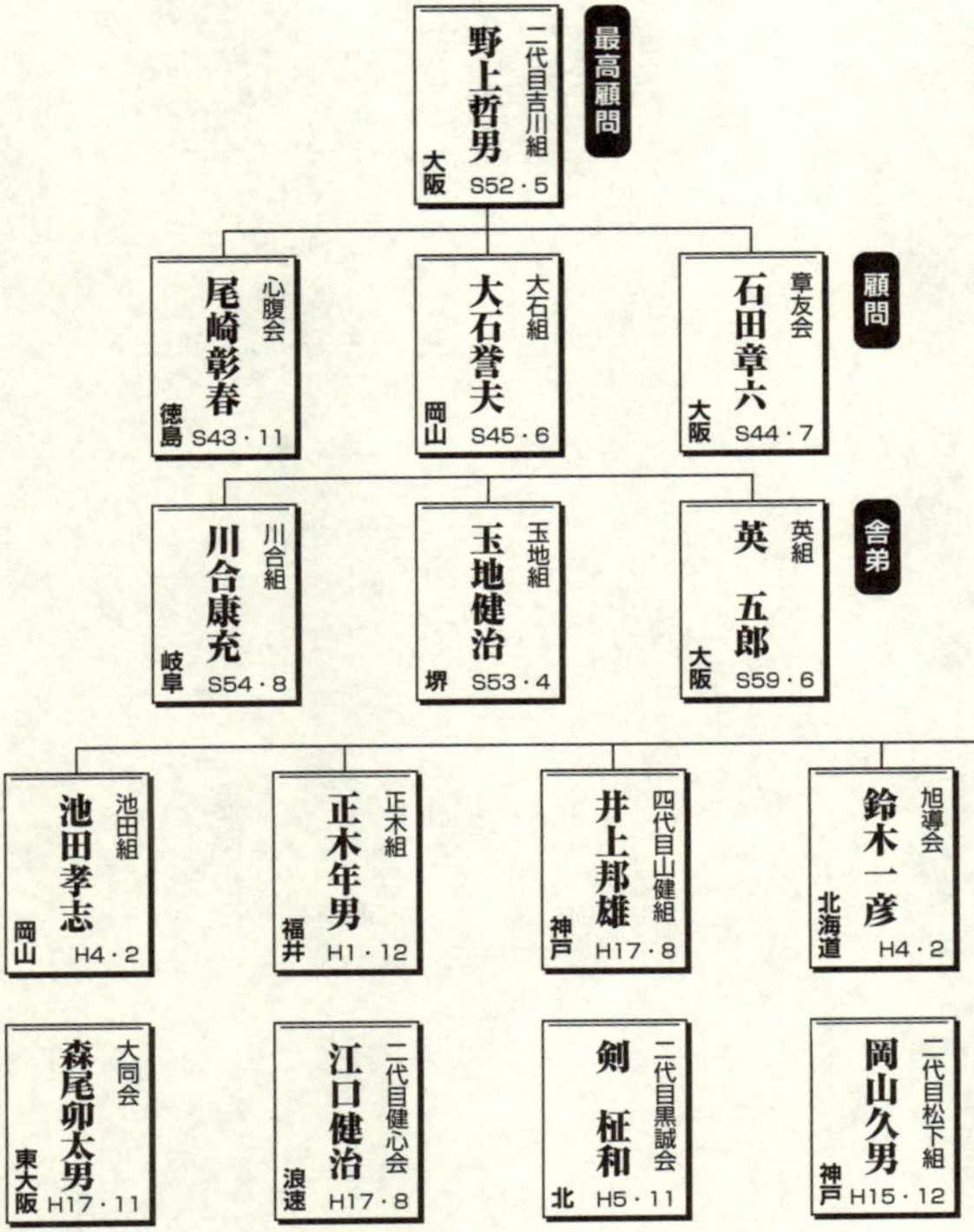

2010年3月現在
数字は直系昇格年月
順不同・敬称略

第一章　六代目体制始動

六代目収監を巡る諜報戦

急ぎに急いだ組閣と襲名式

〇五年八月二七日、六代目山口組は神戸市灘区《なだく》の山口組本部で「盃直し」と、直系組長だけが参加する内輪の襲名式を挙行した。他団体に対しては追って書状でのお披露目になるらしい。

新執行部に近い直系組長が言う。

「司忍組長に対しては、拳銃所持の共同正犯で、早ければ九月中にも最高裁の判断が出るようだ。万一有罪となれば、五年間ぐらい服役することになり、六代目司体制を維持するのが難しくなる。

それで急ぎに急いで、執行部の組閣と襲名式を急いだわけだが、これが逆によかった。渡辺芳則五代目組長のときには後見人や取り持ち人、奔走人に稲川会の稲川聖城総裁、石井進会長、稲川裕紘理事長（肩書は当時）になってもらい、稲川会を立てて借りをつくった。

今回は根回しや名簿の準備が間に合わないこともあって、後見人などを立てなかった。つまり他団体に遠慮する理由がないわけで、下の者は上の顔色を窺《うかが》って動く必要が少なくなる。東京に出ている枝の子（直系組以外の山口組系組員）も動きやすいはずだ」

つまり六代目山口組は他団体との友誼《ゆうぎ》関係に縛られず、よりホンネで動けるというのだ。当然、首都圏などで広域団体とぶつかるケースも多くなるとみられる。

組閣の眼目は組内のナンバーツー、若頭に二代目弘道会・髙山清司会長を据えたことだろう。司組長としては初代弘道会で気心や器量を知り尽くした腹心の登用である。万一服役となっても、安心して髙山若頭に留守を任せられる。

髙山若頭を助ける若頭補佐陣には、瀧澤孝・芳菱会総長、橋本弘文・極心連合会会長、寺岡修・俠友会会長、青山千尋・二代目伊豆組組長、鈴木一彦・旭導会会長——の五人が任じられた（その後井上邦雄・山健組組長と正木年男・正木組組長、池田孝志・池田組組長が追加任命された）。筆頭の瀧澤孝若頭補佐は、舎弟頭になった野上哲男・二代目吉川組組長と並んで、司六代目を確立した功労者とされる。

司忍組長はこうして六代目体制を固めた。五代目時代の懸案だった中野会問題も、四代目竹中正久組長の実弟である岡山・竹中組竹中武組長が下ごしらえに協力、今回総本部長に上がった入江禎・二代目宅見組組長、若頭補佐の寺岡修・俠友会会長にバトンタッチして、中野会解散、中野太郎会長引退を実現している。

司体制は難問を一挙に同時解決、早々に船出したわけだが、警察は単に指をくわえて見守ってだけいるのではない。六代目山口組と都道府県警察の熾烈《しれつ》な戦いはすでに始まっている。

徳島、大阪で相次ぐ逮捕劇

まず徳島県警が若頭補佐になったばかりの寺岡修・俠友会会長に一番槍をつけた。俠友会は淡路島の洲本《すもと》市（兵庫県）に本部事務所を置くが、近年は大鳴門《おおなると》橋で直結する徳島県への進出が著しい。徳島県警の組織犯罪対策課と徳島東署は寺岡修会長が若頭補佐に昇格した直後の八月一八日、待ってましたとばかりに、寺岡会長と徳島県漁業協同組合連合会の高原健一副会長を強要未遂の容疑で逮捕した。

県警の調べによると、二人は二年前の六月、県漁連の会長選で、当時の田中政美会長に会長を辞任するよう強く要求した。田中会長が辞任を承知しなかったため、寺岡会長の容疑は強要未遂で終わったが、山口組の出鼻をくじく嫌がらせ作戦としては強烈である。

「どうせ二〇日ぐらいで勾留して放す微罪というんか、形式犯や。寺岡会長が襲名式に参加できなきゃいいという県警の思惑やろ。やることがえげつないわな」（神戸の直系組幹部）

西日本の各警察本部は山口組幹部の捕り物レースでシノギを削っている。大阪府警の担当官が内情を明かす。

「徳島県警の寺岡会長逮捕はヒットです。タイミングがいい。寺岡会長の本拠は兵庫県警のエリアだけど、徳島県警がいち早く身柄をさらって、兵庫県警の鼻をあかした。

だけど極心連合会・橋本弘文会長が若頭補佐になって二日後（六月八日）、大阪府警が彼を競売入札妨害容疑で逮捕したのも、司体制には相当な打撃になった（その後保釈）。橋本会長は髙山清司若頭と気脈を通じ、これから司六代目づくりに動こうかという時期、府警が先制の一発をかましたんです。

府警捜査四課は七月二七日にも山口組直系組長の早野会（浪速）高木廣美会長をストーカー行為で逮捕している。二〇歳の女性にストーカー行為なんて、罪名がいい。高木会長は『俺の女だから、つきまとったところでストーカーになるわけがない』といってるようだが、捜査四課は面白がって、大いに盛り上がった。高木会長が今回の『盃直し』で昇格しなかったのが残念です」

兵庫県警も手をつかねているわけではない。狙っているのはズバリ司組長というのだ。前出、大阪府警の担当官が兵庫県警という「敵情」を明かす。

「去年二月、司組長は例の銃刀法違反事件で懲役六年の逆転有罪判決を受けた（大阪高裁）。このとき一〇億円の保証金を積んで、保釈になったけど、兵庫県警が問題にしたのは一〇億円の出所がどこかということ。兵庫県警は大阪高裁に協力を求めたのか、こっそり銀行に協力を求めたのか、とにかく一〇億円の札束を見せてもらい、一〇〇万円ずつ束ねた金融機関の帯封をチェックしたというんです。

ところが帯封は全国に及んで、どれがメイン銀行か特定できなかったらしい。結局、金流は分からずじまい。この辺りは司組長の方が上手、簡単には尻尾を摑ませないってことでしょう」

とはいえ、保釈保証金の帯封までチェックするとは警察もやるものである。司法の独立はないも同然。やれることは全部やる構えなのだ。

「2ちゃんねる情報」と謎の「十仁会」

司組長のお膝元、愛知県警も司六代目体制の動向には神経を尖らせている。
「地元名古屋では経済界を中心に、このところ急激に『最高裁判断で司組長の無罪確定』という情報が流れ始めた。その証拠というのは噂によると、こうです。『最高裁はふつう証拠調べはしない。地裁、高裁の判決理由を詳しく調べて、法の運用解釈を問題にするだけ。ところが最高裁は銃刀法違反事件で証人をすでに二〜三人呼んで証言させた。これは最高裁が高裁の有罪判決に疑問を持っているからで、最高裁で無罪の判断が出るのは間違いない』
ちょっと聞く分には、もっともらしい。愛知県警もホンマかいなと思って、最高裁に問い合わせた。そしたらまるきりのウソと分かった。誰も証人調べなんてやってない。誰が噂の大もとかはっきりしないが、司組長に有利なインチキ情報は手が込んでいて、うっかりすると、われわれ警察官だって騙される。

だいたい情報攪乱《かくらん》を狙った2ちゃんねる（インターネットの書き込み専門サイト）の山口組情報はほとんど弘道会が発信源という説まである」（県警の担当官）

事実とすれば、司六代目体制は堂々諜報《ちょうほう》戦で警察と渡り合っているらしい。2ちゃんねるを使いこなすなど、現代兵器も立派に駆使しているわけだ。

「情報戦ばかりじゃない、司組長の周りには謀略まで手掛ける部隊がある」

と決めつけるのは前出、大阪府警の担当官である。

「九七年八月、宅見若頭が神戸のホテルで中野会の手で射殺された。この関連で当時若頭補佐だった司組長と瀧澤孝総長は大阪のヒルトンホテルに宿泊し、九月二〇日、チェックアウトした。このとき大阪府警が組員一五人ほどをボディチェックして、拳銃四丁と銃弾三一発を発見したわけだ。これで司組長、瀧澤総長は拳銃の共同所持で起訴された。

司組長は〇一年三月大阪地裁で無罪判決、〇四年二月、大阪高裁で有罪判決を受けた。ひどかったのは高裁段階で検察側が立てたホテル宿泊客の証人に対してです。

司組長側は証人を調べて回り、一部は実家まで訪ねた。これは不気味です。証人によってはすっかり怯《おび》え、『もう証言したくない』とまで言い出した。ホテルでの目撃情報は重要です。ヘタすると判決にも影響しかねなかった。

愛知県警には司組長側に自宅の電話を盗聴されてノイローゼになった警部補もいるらしい。弘道会路線はやることが露骨で物騒、証人威迫《いはく》はシチリアマフィア並みです。司組長は配下をこれほど締めつけて使う。

だいたい弘道会の前身、弘田組のころから司組長の周りには『十仁会』という秘密部隊があるとされている。諜報工作なんか朝飯前かもしれない」

十仁会という隠れ部隊が実際に存在するのかどうか、真偽は不明だが、名前を聞くだけでも不気味ではないか。十仁会は情報管理が厳しく、これまで表だって内情が漏れ出たことがない。

「警察に強い山口組」の復活

九二年の暴力団対策法の施行以来、警察と暴力団のなぁなぁ主義は終わった、両者は対決色を年々鮮明にしていくといわれてきたが、十仁会は文字通り警察と対決辞さず、攻守両面に備えた部隊かもしれない。もちろん諜報というインテリジェンス面だけでなく、武力も常備、他団体との抗争にも備えている。

「四代目会津小鉄会の高山登久太郎元会長の実子、高山誠賢組長は大津で淡海一家を率いて、今は舎弟として弘道会に迎えられている。この高山誠賢組長は空手の名手で大津に道場を開いているほど。弘道会の若い人にも出稽古しているようだ。

司組長自身が野外スポーツ好きで、日ごろから体を鍛えている。弘道会は総じてスポーツオタクみたいなもんで、体の鍛えようはハンパじゃない」（山口組系組長）

警察署に武道場があるように、今やヤクザ事務所にもスポーツジムがある時代なのか。そういえば今回の「盃直し」で四代目山健組組長として直系組長に上がった井上邦雄組長（前健竜会会長）もボクシングジムに通っているらしい。

まさか機動隊と肉弾戦も辞さずというわけではないだろうが、やる気十分である。

兵庫県警詰めの全国紙記者が証言する。

「対決色は何も司体制で始まったことじゃない。最近の山口組は露骨に警察と丁々発止をやりかねない。早い話、兵庫県警が渡辺芳則前組長を地方税法の違反で挙げようとしたとき、担当の警部宅には黒い車がウロウロしだして、自宅の電話には盗聴器が仕掛けられていた。こう出られると警部本人は平気でも、家族が怯える。

まさか山口組側の脅しが物をいったわけじゃないだろうが、とにかく県警による地方税法違反の摘発は頓挫《とんざ》した。プロであるはずの警察官だって、山口組にまともにやられたら、ぐらつく。これからは日本でも証人保護プログラムに取り組まなければならないんじゃないか」

司六代目体制は田岡時代の復活を目指しているようだが「強い山口組」が勢いあまって、アングラ色も強めかねない。

「國粋会」傘下入りで東京に核弾頭

都内勢力は一気に拡大

〇五年九月七日、國粋会の工藤和義会長（六八）が六代目山口組・司忍組長の舎弟盃を受けた。工藤会長は岸本才三・岸本組組長と並んで山口組の最高顧問に列せられたが、執行部会への出席はないとされる。つまり山口組の運営を実際に左右する立場ではなく、あくまでも関東の名門博徒団体のトップとして、名誉職的な地位に据えられたものとみられる。

國粋会は東京、千葉、神奈川など一都六県に構成員約四七〇人、準構成員約六〇〇人を擁する暴対法指定の広域団体だが、関東の広域団体は今、國粋会が山口組系列に入った衝撃で激しく揺れている。

首都圏のヤクザ動向に詳しい事業家が興奮気味に語る。

「浅草、銀座、六本木、渋谷など、もともと國粋会のシマは多い。都内でも金城湯《きんじょうとう》池《ち》の大繁華街はほとんど國粋会メンバーの生井一家や落合一家のシマとみていい。住吉会などはこうしたシマを國粋会から借り受けている。

その國粋会が今回、山口組の傘下に入った。仮に山口組の威光を背景に『長い間、お貸ししていたシマをこの際、お返し願おう』と言い出したら、都内、近県を含め首都圏ヤクザは大恐慌に陥る。あっさりシマを返せば、シノギがたちいかない。かといって、山口組と喧嘩覚悟でぶつかれるかといえば、まず無理でしょう」

國粋会の都内の勢力は約五六〇人とされる。山口組のこれまでの都内勢力は約九〇〇人だから、合わせて山口組系の勢力は都内に一四〇〇人。これで山口組は住吉会、極東会に次ぐ都内第三の勢力になり、数の上で稲川会を越したという。もちろん山口組の勢力は都内に薄く、関西を中心に全国に及ぶ。実に全暴力団の半数近くを占めるから、六代目山口組初の抗争勃発となれば、全国から首都圏に応援が集中するのは間違いない。

「しかも國粋会は山口組の系列に入る前日、関東二十日会の加盟団体に一方的に脱退を通知しただけといいます。関東二十日会は元を質《ただ》せば、稲川会・稲川聖城総裁と國粋会がつくったようなもの。それが一片の通知だけで脱退とは関東勢にとってはあまりのショックです。

おまけに國粋会の工藤会長は先日死没した稲川会・稲川裕紘会長とは五厘下がりの兄弟分だった。稲川会と縁が深かったわけで、それが六代目発足とほぼ同時に山口組に入るとは、という衝撃もある」（前出の都内事業家）

関東の主要団体のうちピカ一の住吉会、稲川会の神経をともに逆なでする山口組入りだった。

都内の関東二十日会系団体の中堅幹部が苦々しげに言う。

「〇一年春から國粋会が内輪揉めを始めた。揉めた理由は工藤会長の組織運営を下の組長が飲むか飲まないかだったが、このとき住吉会は仲裁に乗り出したものの当事者の納得を得られず、みすみす山口組に仲裁の功をさらわれた。ひとまず解決した後、住吉会や稲川会はのんびり構えていただけだから、『山口組と國粋会がいい仲になった、大変だ』と今さら騒いでもおっつかない」

國粋会の内紛とは具体的に何がどうだったのか。当時の新聞報道（「朝日新聞」〇一年七月六日）をもとに概略を記しておこう。

「シマ争奪戦」で関東勢に王手

國粋会の内紛では同年四月二四日以降、一都五県で三四件の発砲事件が起きた。対立の背景には銀座の利権争いがあるとされる。

〈警視庁によると、國粋会が三月上旬、組織内で有力な二次団体・生井一家の柴崎雄二朗総長ら三組長を「絶縁」したのが抗争の発端。國粋会は組同士が緩やかに結びつく連合体だが、組織の一本化を図るため工藤（和義）会長は「親子盃」を要求。しかし、三人は拒否した。その後、生井一家系列の組長らが次々と会長派につき、四月下旬から発砲事件が相次いだ。この間、住吉会の福田晴瞭会長らが仲裁に入ったが、双方とも受け入れなかった。

生井一家にとっては「銀座の死守」という側面もある。警視庁によると、銀座では今でも多くの店が「用心棒代」などを暴力団に支払っているという。柴崎総長がこうした利権を住吉会と分け合っているのに対し、工藤会長は稲川会会長の「弟分」とされ、縄張りを荒らされるとの危惧があるとみられる。実際、銀座では騒ぎが頻発している。総長派の拠点に稲川会系組員約二〇人が集結したり、ホテル前の路上で双方が

小競り合いになったりした〉

國粋会の内紛は〇三年一〇月、山口組が仲裁に入ることで、工藤会長に有利に解決した。

「が、その間、山口組の特に山健組が強引な手を使っている。つまり生井一家の柴崎総長を神戸に連れていき、引退するよう説得した。この仲裁で工藤会長は山口組を頼みにできると信頼した。以後、両者がいい関係になるのは当然です」（都内の事業家）

そうでなくとも國粋会では「日本國粋会」を名乗っていた六四年一二月に、当時の森田政治会長が山口組の地道行雄若頭と兄弟盃を飲み分けている。田岡時代から山口組とは縁が深く、いわば今回の山口組入りは三代目山口組・田岡一雄組長の夢の再現ともいえよう。

そのころ赤坂プリンスホテルに宿泊した田岡組長は眼下に広がる東京の夜景を見て「この全部が山口組のシマになるんや」とつぶやいたという。今再び山口組は東京が誰のシマかをめぐって、関東勢に王手を掛けたともみられる。

警視庁、八〇人の特別専従班

当然、関東二十日会系の広域団体では若手の危機感が一気に燃え上がった。

「山口組にシマを取られたら、将来、どうなるんだ。こうなったのも幹部だけ旨い飯を食って、のほほんと構えていたからじゃないかと、下の者が上を突き上げている。中には上が上ならそれで結構、わしらは山口組に鞍替えするだけだってうそぶく組さえある」（都内の広域団体中堅組長）

実際、東京の組にはトップ層に対し、完全に醒め切った中堅幹部が少なくない。

「カネがない？　カネだったらうちの上がうなるほど持ってるよ。あんた、なんなら、うちのトップの大邸宅に押し入って、金庫ごと運び出すかって話が日常的にポンポン飛び出ている。

まあ、関東にかぎった話じゃないけど、今のヤクザは上に厚く、下に薄い。下のヤクザはどんなに足掻《あが》いたところで、上に行ける望みがない。上に対して醒め、所属組織に忠誠心がないのはサラリーマン以下、当たり前です」（都内の中堅幹部）

早い話、関東二十日会の加盟団体では、たとえ抗争が起きても、相手側のトップのタマ（生命）を取ることを禁じられている。上は経済的に恵まれた上、将来的に地位や命まで安泰なのだから、わが世の春を謳歌《おうか》したくもなるだろう。だが、末端の組員にすれば「男を売り出す」チャンスに未来永劫恵まれず、出世の階段を上がりようがない。下はどこまで行っても下。嫌気がさすのも分かる気がする。

しかも山口組が新たに傘下に加えるのは國粋会ばかりではなく、西日本の某有力団体も近々司忍組長の盃をもらうという噂が流れている。事実とすれば、山口組の一人勝ち状態は止めようがない。全ヤクザの五割を超える一極体制が出現するかもしれないのだ。

「警察庁も焦ってます。銀座は日本を代表する街だ。錚々《そうそう》たる政財官のお偉方の奥さんが買い物や飲食をしている。近くには皇居もある。銀座では決して流血騒ぎを起こしてはならない。このことは山口組も知ってるはずだ。

にもかかわらず、こういう形で進出してくるとは。警視庁はすでに八〇人の特別専従班をつくった。弘道会担当六〇人、國粋会担当二〇人という話で、徹底的に両団体の動向をマークする。万一、東京で騒ぎを起こしたら、本丸に攻め込むぞという体制です」

山口組も警察の意向は承知して、付け入る隙を与えまいと警戒態勢を敷いている。直系組長の一人が語る。

「内輪もめの喧嘩は御法度。喧嘩になれば、両成敗だという通達が六代目になってから出た。それとクスリ。組員が覚醒剤や麻薬、大麻に触れれば、その上の組長にも監督責任を問い、破門、絶縁の処分だという通達が出た。だからわしらも月総会で若い者に言っている。『誰かクスリに触ってないか、枝の若い衆に聞き質せ。触っているようなら、早め早めの処分だ。そういう人間を外さんことには、上まで咎《とが》められるんだからな』と。まあ、六代目も田岡時代と同様、山口組はクスリにうるさい、神経を使ってるんだということを、警察に見せたい気もあるんじゃないか。社会の害にはなるまいって気があることをアピールしたいわけだ」

組内の構造改革を徹底

山口組本部には髙山清司若頭がほとんど毎日朝八時から夕方四時くらいまで詰めて、すべての案件を差配している。司忍組長は名古屋にいることが多く、たとえ総会などで本部に顔を出しても、ほとんど発言しないらしい。

「これも組長の使用者責任を回避する意味からと思う。できるだけ裏にいて、極力、表に出ない。そういえば、司組長は渡辺前組長が入っていた本家には入らないともいわれている。竹中正久四代目もこの本家に入って非業《ひごう》の死を遂げた。渡辺前組長も半ば解雇されるような形で引退を余儀なくされた。本家はゲンが悪いって気持ちもあるだろうし、本部は従来通り神戸に置いても、本家は名古屋に移してもよかろうって気もあるようだ。名古屋の方が気が休まるのは事実でしょう」（前出の直系組長）

山口組が神戸の山口組から日本の山口組になったのだから、本家を本州の中央に近い名古屋に置いても、組内に異論は出ないと見られる。

ついでにいえば、渡辺芳則前組長のとりあえずの移転先は神戸市北区鈴蘭台に新築なった豪邸のようだ。現在、改修工事が行われているが、これは下請けの寄せ集めで工事を進めたため、セキュリティ面の欠陥や手抜き工事が発見されたためという。将来的には栃木県壬生《みぶ》町に移転することも考慮されている。

渡辺夫人が新神戸駅近くの熊内町に経営していたブティック「トワイライト」もすでに閉鎖され、シャッターが下りきったままだ。結局「トワイライト」は渡辺前組長が五代目を襲名すると同時にオープンされ、引退と同時にクローズされた。渡辺前組長あっての経営だったわけだ。

こうして國粋会の山口組入りは関東ヤクザを震撼《しんかん》させたが、当分の間、山口組も極端な動きには出ないという観測がある。

山口組や関東ヤクザにパイプを通じる東京の事業家が言い切る。

「一つに司組長の拳銃所持について、最高裁判断が近々示される。それを前に、あえて世間を騒がせ、注目を集める必要はない。そうでなくても六代目山口組の構造改革は小泉政権の比ではない。ものすごくやることが早いし、徹底している。組内に改革が定着するためにはしばらく時間が必要だから、何もわざわざこの時点で、外に紛糾のタネを求めることはない。

おまけに司組長が万一、収監ということになれば、執行部だけでは対外的な難問を処理しきれない。國粋会という足場を得た以上、山口組は自分の都合がいいときに動けばいいわけで、ことを急ぐ必要はないんです。その上、山口組に自重を求める動きが現に起きている。司組長に『国益』を考えてほしいという意を伝える仲介役探しがすでに始まってます」

六代目山口組は「国益」を左右するほど巨大な存在になった――。

謎多きカリスマ・司忍組長の肉声

司忍組長は六代目山口組組長を襲名したばかりだが、今のところ組内の評判はきわめて良いようだ。

未発表の肉声メモ

たとえば阪神地区の直系組で、参謀格の幹部がほとほと感じ入ったように洩らす。

「司組長は六三歳や。六代目になれば警察や裁判所から余計目っこをつけられ、拳銃所持の共同正犯いうことで、九九・九九パーセント有罪になりまっしゃろ。わしやったら、今さら刑務所なんか行きたくない。

司組長はそういう危険を十分覚悟した上で、六代目を取ったわけや。『身体がきついんはどうでもええ、歴史に名を残すんや』という強烈な思いがなければ、できることちゃない。そういう意味で、わしは正味、頭下がりますわ。ふわふわした気持ちで絶対できることやない」

古参の直系組長も司組長が矢継ぎ早に打ち出す施策に拍手を惜しまない。

「司組長が國粋会を傘下に加えたんは完全に正しいと思うわ。ヤクザやってる以上、全国を狙う、つまり東京を窺うんは当然や。司組長は関東の組に頭下げてまで、後見人や見届け人をやってくれるよう頼まんかった。組内だけで襲名継承式を挙げたわけや。だから誰にも遠慮せんと、國粋会の工藤和義会長を舎弟にできた。東京の組がどう見てるかは知らんで。しかしよそがどう見るかなんか関係あらへん。やるべきことをズバーッとやったことが偉いんや」

司組長がどういう人物であるか、誰もが興味を持つだろうが、残念ながら司組長はメディアに登場せず、一度として肉声を組外に洩らしていない。しかし筆者は八八年八月、名古屋の弘道会本部に司組長を訪ね、直接、司組長から話を聞いている（当時の肩書は弘道会・司忍会長）。

司組長の話のうち、五代目組長になった渡辺芳則氏をどう見るかについては、拙著『渡辺芳則組長が語った「山口組経営学」』（竹書房刊）の中で紹介している。

だが、筆者の取材メモの大半は未発表であり、これまでは単に筆者が死蔵していた。今あらためて取り出し、読み返してみると、背中に一本筋が通って毅然《きぜん》とした司組長の人物像がおのずと浮き上がってくる。

以下、拙著で紹介した渡辺前組長への言及部分を除いて、司組長の発言を紹介する。いうまでもなく司発言はここで初めて公開される。なお筆者がインタビューした際、司組長のかたわらには今は亡き菱心会・佐々木康裕会長も弘道会副会長の肩書で控え、適宜、言葉を添えていた。

現在の山口組若頭・髙山清司弘道会会長はもともと菱心会の前身佐々木組の若頭であり、佐々木組が菱心会と改称した後は同会理事長になった。いわば佐々木会長は若き髙山若頭を育てた人物であり、これまた貴重な証言となろう。司会長とあわせ、佐々木会長の発言も紹介しよう。

「この人のためには死なないかん」

当時、筆者の取材目的は現在『武闘派　三代目山口組若頭』(講談社＋α文庫)として刊行されている「山本健一伝」を執筆するためだった。当然、話は山本健一の思い出から入った。

――山本健一さんに対する会長の一番最初の思い出というと、いつ頃のことになりますか。

司「何せ、その頃はまだ（私は）二〇代でね。『どうや』と声を掛けてもらう程度で、あんまり難しい話をさせてもらったこともないしね。ただ思い出といえば、ようしてもらったぐらいでねえ」

——そうすると、山健さんはしばしば名古屋には来てたんですね。

司「それはもうしょっちゅう来てましたね。私が服役するのが昭和四四年の事件だったもんで、それ以前、昭和三八年から四四年ぐらいまでの間やったら、名古屋に来たらお会いしてね。それから私が服役してる間に亡くなったんですね」

昭和四四年五月、弘道会の前身弘田組系の組事務所を大日本平和会（元本多会）系の組員五名が襲撃、弘田組系は組員二人を殺され、二人が重傷を負った。この事件の返報で、司組長や髙山清司若頭らは大日本平和会春日井支部長だった豊山一家組長を愛人宅で襲撃し、日本刀で殺害した。この事件で司組長や髙山若頭などは懲役一三年など長期の服役を余儀なくされた。

——山健さんが亡くなるのは昭和五七年ですね。

司「私が出所したのが五八年でね、懲役におるときに亡くなったんです」

──長い懲役でしたね。

司「山健のおじさんは、われわれにとったら、もうほんとに憧れの人いうかな。名古屋に来た折なんか、先代の行動一つ一つを興味の目で見とったからね。

あの人の場合、一番印象に残っているのはクラブなんかに行った折ですね。われわれみたいな、まあ二〇代やそこらの駆け出しですわね。（山健さんは）地方に来た折、護衛でつく（地元の組の）若い衆なりに、自分がブランデーを飲めば、そのブランデーを『おい、司、飲めや』という風に回し飲みさせてくれる。お流れを頂戴するというか、そういう気配りはようしとったなあ、あの人は。

それをもらったわれわれはやっぱし、この人のためには死なないかんというような、そういう気を起こさせる魔力いうか、そういうものを持っておりましたな。ブランデーなんか一人で飲むのはもったいない。そうすると、みんな一緒に行っとる者に少しずつでも飲ましてやりたい」

佐々木「まあ山健さんは限りがないですわ、魅力的やったし。われわれ下の者にはものすごうようしてくれよったです」

麻薬、覚醒剤に対する警鐘

——当時ブランデーは、かなりしゃれた飲み物だったと思いますが。

司「そういうハイカラなところはあったね。駅前地下のナイトクラブ『オスロ』やったか『チャイナタウン』やったか、遊びに行っても、店の女三〇人ぐらいを連れてバーッとサパークラブに行ってな、女の下着なんかようけ売ってるわけだ。女の子全員に『好きなの持ってけ』という形で持っていかせるとか、そういうことをようしよったな」

佐々木「広島に（山健さんの）お母さんがおられたですね。わしら、七、八年前、お袋さんの葬式に行きましたわ。

山健さんは面白かったですわ。会津若松に一緒に行ったことがあるんですけど、汽車に乗るとね、破れたズボン下ですね、虫がちょこっと食うでしょう。昔のスタイルですよ。ズボン脱いで、平気でそういうのを人の前に出して座ってね。何十年前か、飾らん人ですよ」

——カストロ帽いうのは兵隊の帽子みたいなものですか。

佐々木「そうそう、前につばのあるやつ。あれをかぶってオープンカーに乗って名古屋によう来ました」

――麻薬撲滅運動にも熱心だったようですね。

佐々木「名古屋もようやりよったです。白い上下着て、帽子かぶって、長靴履いて、ビラ配りしたりね」

　山口組は一時麻薬や覚醒剤の撲滅を目的に「全日本国土浄化同盟」を組織していた。神戸市橘通の山口組本部にその総本部を設け、神戸、姫路、西宮、尼崎、大阪、京都、滋賀、名古屋、横浜、新潟の一〇直系組に支部ないし連絡所を置いて、不定期に麻薬追放をアピールする組織だった。

――麻薬とか覚醒剤は山口組全体が御法度《ごはっと》みたいな感じでしたよね。

司「みたいな感じじゃなくて、御法度ですわ」

――佐々木道雄さん（後に一和会幹事長、神戸）の系列組から覚醒剤事犯が出て、佐々木道雄さんが国土浄化同盟の阪神支局長をお辞めになったことがありますね。

司「まあご存じと思うけど、この前、うちにかつて所属しとった者がシンナー中毒でアベックを殺す事件があったわな。あれなんかでも家の人が『うちの子はシンナーでどうしようもない。なんとか更生させてもらえんか。お願いします』いうことで、枝の組織やけど、その子を預かったんです。たまたまその子を更生させる前に、元のシンナー仲間と犯行に及んでしまったんですわ。

だけど、こういうことを世間には発表できんわけだね。だから、極道いうのはこんな真似してと怒る者もようけおるわね。

今のは極端な例やけど、覚醒剤や麻薬、シンナーの中毒とかいう子供を『病院に入れるのは忍びない。なんとか組織で治してもらえんか』と家族から頼まれることが一杯ある。だけど、われわれは『実は親に頼まれて』いうて歩くわけにいきませんからね。

やっぱし反社会的な集団というレッテルを貼られておるもんだから、われわれが見得を切って『いや、実は違うんや』といえんことがシンナーや覚醒剤中毒に限らず、一杯ありますわね。われわれは社会に対して、どうのこうの言う気持ちはいささかもないし、できれば社会に対して警鐘を鳴らしていかないかんいう気持ちがあるわけですわ。まして今うちなんかもそこそこ人間を預かっておるもんでね」

手弁当で喧嘩する意識

――今、何人ぐらいの勢力ですか。

司「何人ぐらいおるんかな」

佐々木「一二〇〇から一五〇〇ぐらいになるんじゃないですか」

司「増えたのは一気にです。うちの場合はうちから誘うことはしてないんですね。まあ、いろいろ事情があって、今は正式には組には入れんという連中もかなりおるしね」

佐々木「急激に増えたのはいずれにしろ、うちの会長の生き方に共鳴して参加して来るということですね、その一言に尽きます。山健のおじさんが生きてれば、弘道会がこんなに大きくなって喜んでくれとると思いますね」

司「うちに強いというイメージがあるとしたら、結局、われわれが神戸から中京に入って行ったときには『なんや山口組？　どこの組や？』いう時代だったでしょう。しかも警察の圧力、地元の団体の圧力にたえずさらされておった。

それからうちの一組で五つも六つも地元の組織とやり合って、ずーっと来てるから。今回みたいな大きな抗争（山口組・一和会抗争）になっても、手弁当で喧嘩するいう意識が残ってる。ゼニはないけど、握り飯食ってでも喧嘩やるぞという気持ちがあるから。うちは貧乏してる組だから、手弁当で『よっしゃ、喧嘩するんや』といういいとこは残っとるわね、田舎の出の人間が多いもんでね」

――名古屋は特にいろんな勢力が入り込んで、難しい土地柄と聞いてます。

司「名古屋はよそから来た人間に対してはものすごく排他的なんですよ。昔はよそから来た組織に対してはほんとにつらく当たってましたから。今は少しなれ合いの感じが出てきたんですけど、それでも今現在、名古屋には五社会いう組織があってね、山口組はそこから離れてます」

弘道会と五社会はどういう関係にあるのか。

続・司忍組長の肉声「菱の縄張り」

「開拓したとこは城なんや」

司「名古屋はよそから来た人間に対してはものすごく排他的なんですよ。今現在、名古屋には五社会いう組織があってね、山口組はそこから離れてます」

前節で、司組長の発言をここまでお伝えした。ここでこの続きをレポートするが、もちろん司組長は弘道会会長として発言している。

――中京五社会とはどういう団体なのですか。

司「これは地元の団体でつくった組織なんです。そういう排他的な考え方が多いんです」

――どのような組が加盟しているんですか。

佐々木「導友会、瀬戸一家（現在は山口組直系、渡辺啓一郎総裁）、稲葉地一家（同弘道会系）、それに平野家一家（同弘道会系）、運命共同会と、この五つですわ」

中京五社会は八三年に始まる「中京戦争」の反省から生まれた地元組織の親睦連絡会で、「関東二十日会」や「阪神懇親会」などと同様、万一加盟団体間に抗争が発生した場合には話し合いで早期解決を図るというもの。現在は自然消滅している。

――弘道会はもちろん、山口組系で名古屋を地盤にする益田組も名神会も入ってないわけですね。

司「入ってないです。地元の人のいうことも分かるんです。というのは、東海道の街道筋なもんですから、昔からやっぱり博徒が多いわけですね。たとえば、ここは稲葉地一家、ここは導友会といったような縄張りがあるわけです。

それと地元の人の考えとしては、山口組の当代は竹中正久なんだと。われわれ（弘道会）はここにおるとしても、単なる（山口組の）枝の若い衆だという認識だね。だから地元の者は自分の城とか居場所を持っているが、あんたらは居場所がないんですよ、山口組の当代は竹中正久だから、われわれはあそこと肩を並べるんですよ、という感覚を持ってますね。

地元の人でも、われわれの気持ちをよく分かってくれてる人も大勢おるんだけども、やっぱりなかなかこういうところでは難しい。まあ極端にいえば、われわれ山口組の者が、日本全国どこも山口組の縄張りなんや、と。よそ様の費場所で飯を食わしてもらっとるんだという意識は、われわれは持ってないわけですな。開拓したとこは城なんやと、そういう気持ちでおるもんで、そこら辺のギャップというか、やっぱりあるわな。それがあるから多少感覚的に違うとこがあるよね。

そやけど、五社会は一部分ですね。（実際にやってることは）立て前と全然違うものね。地元の親睦会を出るものじゃない。初代、二代、三代、四代と続いている組織が多いし、お年寄りの人もようけおるから、自分の代になったから、こうやと打ち出す形にはなかなか、改革できんものね」

現在、六代目山口組は國粋会・工藤和義会長を舎弟に加え、「ついに山口組は正面玄関から東京進出か」と関東二十日会に加盟する団体は危機感に駆られている。名古屋の「五社会」と首都圏の「関東二十日会」。時代も場所もちがうが、今の状況と照らし合わせれば、示唆するところが大きい司組長の発言にちがいない。

「長い懲役に行ける志願者が多い」

佐々木「五社会とはつき合いしてないけど、各組、各組とはつき合いしている」

——名古屋では弘道会が一番大きいんでしょうね。

司「まあ人数では大きいかもしれないね。しかし人数で喧嘩するもんやないから、考えたこともないけどね」

佐々木「数が多いとか、力があるとか、わしら、そんなことは考えたことないもんね」

司「ただうちで言えることは、長期の懲役行ける人間、そういう志願者が多いということだけは言えるわね。そういう組織であることは事実ですね」

佐々木「会長が今いうたように、貧乏人の子が多いんです、結局ね。地元ではまあ導友会なんか地元の学生崩れとか、カネ持ちの息子がぐれてヤクザになったのが多いけど、昔から弘田組、弘道会というのは飯が食えんでヤクザになるしかないって連中が多いですからね。（弘道会系列の）各組に行くと、自分は仕事が嫌い、ヤクザが天性といった気でおる者が何人かおるわけや。われわれとしては（そういう者に）飯を食わしたらなアカンでしょう。そういう事務所には、ここ（弘道会本部）でもそうやけど、たいがい五人や一〇人ぐらい、飯が食えんで、事務所で飯を食うとる連中がおる。

はっきりいうて稲葉地とか、瀬戸一家とか、いろいろ見ても、そういう連中にタダ飯食わしてというとこがないですわ。競輪の手伝いするで（組から）給金が出るということはあっても、家に部屋住みで家で飯食うて、親分と行動を共にするというのが少ないんですわ。

そやろ、どこの組でも五人や一〇人、飯が食えんで、事務所で飯を食う若い衆が多いわなあ、はっきり言うて弘道会は」

――やはり組員には地元出身の人が……。

佐々木「少ないですね。若い衆もよそから、旅から、来たりとか。地元は排他的なところがあるで、どうしても弘道会あたりに入る連中が多いんじゃないですか。集団就職で名古屋に来て、根っからヤクザが好きやで、どっかに入りたいと思ってもね。それで弘道会が大きくなるあれとちがいますかね」

――ボクシングなんかでいうハングリー精神ですね。

佐々木「そうですね、われわれも会長も九州やしね。まあ（今は）ええ格好しとるけど、夜逃げしてこっちに来たようなもんやでね。それで韓国人の気持ちも分からんでもないですよ。韓国の人はやっぱりハングリー精神で頑張るでしょう。台湾の人もそうやけど。われわれも九州からこっちに来とるからね。

貧乏人も強いですよ。それで弘道会は大きくなるんだろうね。名古屋に来たとき初めびっくりしたもんね。若い衆に給料が出よったとこが多いでしょう」

「安原一門の流れで来てる」

――弘道会にはもともと港湾の関係があるわけですね。

佐々木「そうです。うちの初代というか、鈴木組（の組長）中森光義という人は、山口組の二代目（山口登）ころからの若い衆で大阪・港区におった小林という人の若い衆であったわけで、それで今のわれわれの先代である弘田の親父（山口組直系弘田組・弘田武志組長、八四年一和会分裂時に引退）が小林さんの若い衆であって、ただ名前が変わっただけで、もともと山口組としては古い組織なんですよ。われわれの先代は今は亡くなったけど織田譲治さんとか、あそこらと同じ出なんですわ」

名古屋市港区に「鈴木組」事務所を持っていた鈴木こと中森光義組長は一九〇五年生まれ。名古屋市港区の新興海運株式会社で働くうち、社長の吉川令三から二代目山口組の山口登組長を紹介され、戦後、三代目・田岡一雄組長の舎弟になった。今でいう「企業舎弟」である。

一九五〇年ごろ鈴木組を創設して伊勢湾海運株式会社に荷役労働者を派遣、下請けをし、その後一九六一年ごろ同社・中島四郎社長の信頼を得て、和光荷役株式会社を設立したが、六六年神戸を中心に山口組壊滅作戦が展開され、他の山口組系の港湾荷役業者が脱退するのに合わせ、自らも山口組を離れた。広島・打越会の打越信夫とは兄弟分だったとされる。

この鈴木組で若頭だったのが弘田武志組長で、鈴木組を糾合して弘田組を結成、田岡組長からじかに盃を受けて、直系若衆になった。司忍組長は弘田組の若頭で、自らは司興業を率いていた。

また織田組・織田譲治組長は一九二七年愛知県一宮市生まれ。一宮商業を五年で中退し、海軍航空隊に入ったが、終戦で復員、一九五二年ごろ大阪市港区の博徒小林組の若い衆になった。このころ同じ若い衆仲間に弘道会の「遠祖」ともいうべき鈴木組・中森光義組長がいたらしい。一九五四年小林組は解散し、織田譲治は小林組長の口添えで田岡一雄の若い衆となり、五九年ごろから田岡のボディガードになった。織田は明友会事件に関係し、八五年には山口組ハワイ事件で逮捕され、オアフ刑務所に勾留《こうりゅう》されたことがある。八六年無罪判決をかち得て帰国したが、ほどなく病死している。

——織田譲治さんはそういえば、愛知の方ですね。

佐々木「一宮です。それで大阪の築港におってね。それから安原（田岡の舎弟・安原政雄による安原会のこと）におった、今は亡くなった泉のはんちゃんな、皆そうですわ。あの人が一番先輩ですわな」

司「そやから安原一門の流れというかね、そういう形で来てるもんだから、古いことは古いんですわ。ただ名前が変わってきてるからね。それで山健（初代山健組・山本健一組長）のおじさんとかも近しいわけですわ」

安原会は山健組・山本健一のほか、益田組・益田佳於・益田啓助の兄弟、大平組・大平一雄、弘田組・弘田武志、心腹会・尾崎彰春など錚々たるメンバーを輩出している。

「世間の人がどう評価してくれるか」

——山健さんも朝鮮戦争のころは港湾の仕事をやっておったようですね。

司「やっておったのは安原関係ですね。われわれはやってないですよ。弘田の親父がやっただけで、われわれはやってないですね。ただし今は港湾の仕事やっとるですよ。やっぱりこれは鈴木組から弘田組、それから弘道会と、伝統的なもんだからね。港湾の仕事だけは代が変わったからといって、やめるわけにいかない。私がするんじゃなく、うちの弘道会におるもんが（仕事を）つないでいく、残していかなければ、先代、先々代に対して申し訳ないからね」

――やはり船内荷役《にやく》関係ですか。

司「ええ」

――今は荷役もコンテナとか、クレーンとか、規格が進んで、大変な面があるように聞いてますが。

司「大きいですよ」

佐々木「やっとることは間違いないです。これも私がお願いして、先々代がつくられた港の仕事を、われわれの誰かがやらなければならないということでね、私がたまたま港にちかいもんで、兄貴（司忍組長のこと）にお願いして、港にどうしても出たいということでやっとります」

周知のように神戸港、大阪港、名古屋港などに展開した船内荷役業は神戸芸能社と並んで、三代目田岡時代を支えた二大正業の一つだった。山口組の伝統であることは確かである。

――山口組・一和会抗争でも弘道会の攻撃が目立ちますね。

司「その点はですね、世間の人が評価してくれることであって、われわれが何かをしたからこうなったとか、ああなったとか、やっぱり申し上げることはできませんですわね。

それは何十年かたって、山口組の歴史の中で、あのとき弘道会がほんとに何かをしたんだなと評価されて、弘道会が気持ちを持って何かしたんだ、と私たちのこれからの子供たち、孫たち、そういう者が分かってくれれば、まあ、十分なんですわ。今現在、やったことをとやかく、われわれがしたんだということを申し上げることはいっさいできません。世間一般の人がどう評価してくれるか、ただそれだけを……ですね」

秘密を保持するとか、事件の反作用を極小に留めなければならないとかの点から、当然の沈黙、言及せずと理解できる。

「健康でないと健康な判断ができん」

――会長は健康そのものという感じを受けますね。

司「ええ、もう身体だけが丈夫でね、それだけが取り柄ですわ」

――一番健康にいい体型という感じです。

司「身体だけはやっぱり健康じゃないとね、健康な判断ができん。病気しとると、考えもおかしくなる」

佐々木「（司組長は）刑務所が長いでしょう。それで出て頑張らないかんと、刑務所で体調を整えてるのがずーっと今も続いておるわけです。毎日走っておったらしいです、刑務所で」

司「それはあるな」

――今でも走っておられるんですか。

司「いや、走らんけど」

佐々木「腕立てしたり、それをやるんですよ。朝一時間だけね。身体のことはものすごく考えてるんです」

司「別に道楽はないんで、運動だけでね」
佐々木「それをもう十何年続けてきてるんですね。二〇代で(刑務所に)入って、出てきて、もう四〇過ぎでしょう。その間に体を鍛えてね。刑務所で運動できるのは分かるでしょう。やれることが限られとるわけだからね。ハガネみたいな体ですよ。マッサージの人が若い肌しとるというらしいです。わしらはアカンです、暴飲暴食で(笑)。やっぱり上になる人は体のことでも努力しとります」
——ほんとに糖尿とか肝臓とか患っているヤクザの幹部は多いですからね。
佐々木「わしは糖尿です。会長だけです、病気がないのは」
ここまでの司組長の談話だけでも、背中に一本筋が通って、すっきり立つ司忍像を結べそうな気がする。話の内容は常識に富み、過不足がない。態度も偉ぶらず、穏やかで、話の出し方、押さえ方が上に立つ者としてきわめて適切である。筆者は渡辺芳則前組長にもインタビューしているが、渡辺前組長のときとはまるで逆の印象を持った。

六代目体制を支える名古屋の闇経済

見直される名古屋パワー

司忍六代目組長の就任で、あらためて名古屋パワーが見直されている。

そうでなくても「愛・地球博」の開催や、中部国際空港の開港など、名古屋経済は不況ニッポンを尻目にひとり「元気印」である。GMを抜いて世界トップに躍り出たトヨタ自動車など、名古屋周辺は活力に溢れている（〇六年当時、全国の繁華街で名古屋だけが例外的に賑わっていた）。

一説に司忍組長は六代目になっても神戸の本家には入らず、名古屋に新本家を構えるはずと囁かれている。もちろん山口組本部はこれまで通り神戸市灘区篠原本町《しのはらほんまち》に置き続け、組長の住まいである本家だけを移すことは異例ではあっても「あり」なのだ。

「司組長は六代目になってから組織づくりに忙殺されていた。國粋会・工藤和義会長や会津小鉄会・図越利次会長への舎弟盃ばかりでなく、全国ヤクザ組織との関係を見直し、再編に入っている。

司組長が忙しいのは当然だけど、先日久しぶりに名古屋でのんびりしたようです。弘田組、弘道会として、名古屋一繁華な飲食街・錦《にしき》の韓国クラブを借り切って祝宴を張っていた。中一日置いて、鳥羽《とば》（三重県）では組員を集めてクルージングです。司組長は桑名《くわな》（三重県）にクルーザーを繫留《けいりゆう》しているようです」（地元紙記者）

弘道会は司組長のスポーツ好きから、夏には組員一同、海水浴や水上スキーを楽しむらしい。中に面白おかしい風説も流れている。

「弘道会が抗争でカチコミ（ガラス割り）を許さず、銃を持ち出せば必殺というのも、日ごろの射撃訓練の賜物です。船を太平洋に出して艇の周りにビールびんを投げ込む。組員はそれを目がけて撃つ。腕は嫌でも上がります。もっとも髙山清司若頭だけは体を動かすのが嫌いらしく、ゴルフさえせず、もっぱら雀卓を囲んでるようです」（地元の飲食店オーナー）

司組長はゴルフもやる。夫人は多治見《たじみ》（岐阜県南部）の方のクラブ・メンバーだが、そこを含め、司組長が名古屋近辺でプレイすることはないという。やるときは静岡方面まで足を伸ばしているらしい。

「プレイしてるところを見たことはないけど、あれほどのスポーツ好きです。たぶんシングルの腕前でしょう。碁がまたうまく、三段と自称している。が、四段の人が司組長と対戦して、勝てなかったとぼやいてました。自称より強いところが司組長らしい」（地元の事業家）

司組長の自宅はJR名古屋駅から車で一〇分ほど、庄内川畔に建つ赤レンガの総三階建てである。塀はなく、家の外壁そのものが塀を兼ねている。さほど広くない敷地一杯に建てられ、外壁にはツタが這っている。豪華というより堅実な構えで、これまた司組長の人柄を語っている。

業者に顔を見せない司組長

概して司組長の評判は悪くない。地元でも弘田組や弘道会事務所、司組長の住まいがどこにあるか、タクシー運転手さえ知らない。ということは、市民の目を引くほど跳ね上がった言動はとってないからだろう。ふだん市民が弘道会や司組長を意識に上らせることはないはずと、県庁詰め記者が太鼓判を押していた。

司組長は山口組内でも好評である。司組長を古くから知る直系組長がいう。

「五代目時代とちがって、組にウラオモテがなくなり、過ごしやすくなった。司組長は情があり、筋が立たんことは絶対やらない。それに若いころから人間が変わらない。人間として最高点ですよ。

わしは司組長が若いころから、いつか東海一の親分になると見ていたが、今や日本一の親分になってしまった。当然でしょう。頭もいいし、勉強もしてる。気取りがなくて、新幹線に乗るときだって、お付きの者が二、三人つくぐらい。ハタで見ている方がはらはらするほどです。

髙山清司若頭の方はお付きの者一〇人、二〇人でガードしている。司組長と逆だけど、髙山若頭ほどスピード出世した者もいない。弘道会の若頭だった者がわずか三ヵ月で直系組長になった揚げ句、本家の若頭ですからね。直参の中には嫉妬する者もいるし、反発する者もいる。用心するに越したことはないんです。

髙山若頭は見てくれと違って能吏《のうり》だし、優れたプランナーですよ。それにスポンサーを集めるのがうまい。司組長が地上げをやった、株をやったなんて話は聞いたことがないけど、司組長の保釈保証金一〇億円なんかも髙山若頭の才覚で集めたって話でね、立派に裏方をつとめてます」

実際、地元名古屋では司組長のカネがらみの話は聞かない。

地元情報に通じる建設業者が証言する。

「司さんは業者とのつながりがないんじゃないかな。業者の前に姿を見せたこともないし、業者とゴルフをやったという話も聞いたことがない。ただ一〇年ほど前、弘道会が近くの神社で花見をやったとき、電力会社の立地関係の社員が二人出ていた。しかし、それも聞いてみると、前は正社員だったけど、今は社員名簿から外されているということで、大企業との関係も聞かない」

企業も司組長もそれだけ交際に神経を使っているということだろう。弘道会のカネはもっぱら髙山清司若頭が采配を振るっていたとされる。

地元名古屋で髙山若頭と切っても切れない関係にあるとされる土木会社がある。この会社はかつて愛知県警の家宅捜索を受けたこともある。

中部国際空港の仕切り

同社は地場の建設業者約一〇〇社を組織して、中部国際空港の建設工事などを仕切ってきた。加盟業者には砂、採石、土砂、海運、港湾工事、解体、土木、足場、地盤改良、矢板、基礎杭、生コン、舗装、ガードマン、造園、ダンプ、シート材料、トレーラー、産廃、構築などの各業者を網羅している。

「ゼネコンも仕切って、影響力を行使してきた。下請け業者に仕事を回し、交通整理して、五パーセントくらいの紹介料を取る商法です。弘道会と息を合わせて、建設業界に君臨していた」（東海地区の事業家）

こうしためざましい仕切り振りに、山口組の三直系組長が干渉に乗り出したこともある。

地元の工事業者がいきさつを解説する。

「三人の直系組長が組んで名古屋に乗り込み、中部国際空港の仕事は山口組全体で仕切るべきだと髙山若頭に注文をつけた。直系組長たちはあるゼネコンから『空港工事はピンハネが激しすぎる。これじゃ業者が死ぬ』と泣きつかれたともいいます。

こうした騒ぎの中、直系組長のひとりが弘道会の若い衆に殴打される事件も起きる。結局、渡辺芳則前組長と執行部が知るところとなり、渡辺前組長が裁定した。『直系組長たち三人は全部空港工事から下げる。そのかわり浅田満氏のハンナングループの工事部門、昭栄興業を頼む』と弘道会にいったとかで、結局、これで謹慎処分になった直系組長が四人も出たんです」

浅田満氏は周知のようにBSE騒ぎにからむ牛肉偽装事件で有罪になったハンナングループの総帥《そうすい》で、渡辺前組長とは切っても切れない関係にあった。

前述の土木会社は渡辺前組長が山口組のトップに座っていた時期にも退かなかった。弘道会の力あってのことだが、相当な腕力を持っていることは間違いない。

司組長が組長だった時期の弘道会は強い戦力と豊かな経済力で知られたが、前記の通り実際に仕切っていたのは髙山若頭だった。「髙山若頭は自らも髙山組一〇〇人ぐらいを率いていたが、シノギのやり方は独特」と地元の事業家が指摘する。

「ふつう組員は個々の才覚で仕事のネタを見つけ、それを料理してカネをつくり、十分に儲かれば組の親分なり幹部なりに上納して、お覚えをめでたくする。

もちろん組員は組事務所に毎月定額の会費を納めなければならないけど、それを支払った上で、さらに臨時で上納することもあるわけ。しかし、このやり方だと、組員が儲かったときしか上の者にはカネが入らない。組員が儲からないときにはお手上げです」

ここまでは分かる。組員の貧しいとき、富めるときは、組や上の者の貧しいとき、富めるときなのだ。

シノギのオークション方式

「髙山若頭が独自なのはシノギのネタを組員たちに教え、セリに掛ける点です。たとえば『A社が県立病院のコンピュータシステム構築の仕事を受注したがっている。受注できれば一億円出してもいいといってる。誰かやる者はいないか』と聞く。やりたいと組員Bが名乗り出たとする。すると『じゃ、お前がやれ。この仕事の成功報酬一億円の一割ぐらい出せるか』B組員『出せます』『じゃ、出せ』となって事前に徴収する。仕事がうまく運ぼうと失敗しようと、関係ない」

このシステムのおかげで、組員同士がシノギでバッティングすることがない。組員たちは公平にシノギに与《あずか》れる。成功も失敗も自己責任だから、すっきり得心《とくしん》が行く。組内部でいざこざも起きにくい。

「いわばシノギのネタをオークションに掛ける。ネタ情報は組員や外部から集める。そのネタを交通整理して、組員の誰かに請け負わせ、『落札料』を事前徴収する。だから弘道会は資金が潤沢なんです」

たしかに合理的なシノギ配分法にちがいない。トヨタはカンバン方式で知られるが、弘道会・髙山若頭はシノギのオークション方式で知られることになるのかもしれない。しかも伝統的なミカジメ料収入もがっちり押さえている。

「県警の資料だと、弘道会は中区錦を中心に四〇〇〇軒からのクラブやホストクラブ、ヘルス、アングラカジノなどからミカジメを取っているようです。風俗面での企業舎弟やフロントも抱えて、業界の隅々まで知り尽くしている。水も漏らさぬ体制で、いい収益を上げてるようです」（地元紙記者）

そのくせ錦を歩いても、あまり組員らしき姿は見掛けない。一説に禁足令が出ているという話もあるが、弘道会のやること、なすこと万事そつがない。今回、舎弟に加わった國粋会を足場にいずれ銀座や六本木、渋谷などを山口組が押さえることになるのだろうが、名古屋方式は案外、東京でも通用するかもしれない。可能なかぎり摩擦少なく実質を取ることこそ、どこに行っても有効な手だてだからだ。

新体制下の山健組

五代目時代の本流

山口組の直系組は一〇〇組前後あるが、現在は司忍六代目組長と髙山清司若頭を出したことで、衆目の一致するところ、山口組の本流は弘道会（名古屋）に移った。渡辺芳則五代目組長の時代に本流だった山健組（神戸）は急速に立場を変えた。かつて「山健組に非《あら》ざれば山口組に非ず」といわれるほどの勢力を誇ったが、今やそうした声は聞かれない。

なぜ山健組がそうなったかといえば、渡辺芳則五代目組長が突然引退、跡目を司忍若頭に譲ったからというほかない。いつの時代にも当代を出した組が強いことは確かである。しかしもう一段、なぜ渡辺五代目は引退したのかと問われれば、たいていの人が答えに詰まるにちがいない。当人以外、誰もほんとの理由を知らず、単に推測するしかないからだ。が、そのあたりのことはおいおい触れていくことにして、まず山健組に籍を置いている幹部たちは現状をどう見ているのか。

「今までがよすぎたってことはある。だけど山健組の誰もが現状、不安に思ってます。男を売る商売だから、不安を口に出す、出さないって違いはあるけど、言葉に出さなくたって、山健組は今後どうなるんだ、今よりもっと悪くなるんじゃないかって不安はみんな持ってると思う」（山健組系の組長）

〇五年に入って山健組からは極心連合会・橋本弘文会長（現・若頭補佐、東大阪）、太田会・太田守正会長（大阪・生野）、木村會・木村阪喜會長（松山）、大同会・森尾卯太男会長（米子）の四人が直系組長に引き上げられた。この四人はそれぞれ組を率い、組員を抱えているから、その分、山健組の勢力が減ったことになる。残った山健組ではこれまでの桑田兼吉組長が引退し、四代目山健組として、これまた直系に引き上げられた井上邦雄組長（新設の「幹部」、神戸）が率いることになったが、〇四年まで傘下の組員七〇〇〇人以上、組内トップの勢力を誇っていた山健組が今は五〇〇〇人前後に縮小したという。

「五〇〇〇人ならまだ弘道会とおっつかっつだけど、問題はこれからも山健組から直系に抜擢される組長が相次ぐはずってこと。一例を挙げれば、四代目山健組で若頭についたばかりの妹尾組・妹尾英幸組長（岡山）なんかも直系組長の候補だと取り沙汰されている（実際には直参にはならなかった）。

櫛の歯を挽《ひ》くように、どんどん山健組から直参に抜擢されていくじゃないか。本来はめでたい話なんだろうけど、残った山健組は痩せる一方、決して喜べない。少し前まで『山健組や、そこ、退《の》かんかいっ』と肩で風を切っていたのが今や完全に昔話になってしまった」（別の山健組系組長）

熊本勢を巡る綱引き

山健組から直系組長に登用されれば、わが母胎である山健組のことは忘れないまでも、二の次になる――というのが人の世の常だろう。おまけにもともとが他団体の出身で、一時、山健組に籍を置いただけという組長も少なくない。そういう経歴なら、山口組本部から声が掛かれば、喜んで直系に直るのも理解できる。

直系昇格後、すぐ若頭補佐に上った極心連合会・橋本弘文会長ももともとは大阪の独立系組織、南一家・吉田忠義組長の若衆だった。所属組の解散に伴い、橋本組を旗揚げし、のち、初代山健組・山本健一組長の若衆となったいきさつがある。

そういえばと、大阪の山健組関係者が口に出す。

「三代目山健組で最高幹部だった組長は山健組から絶縁されてます。その組長が事もあろうに極心連合会からヤクザとして復活するという話が流れてます。四代目山健組がこの人事を追認することになったら、山健組は間違いなく自壊するでしょう。雪崩を打って人材が流出していく。

しかも今の山健組と極心連合会と、どっちが力があるかといえば、極心連合会の方が上でしょう。四代目山健組はよう抵抗できない。組長のヤクザ復活が事実なら、山健組にとって悩ましい話どころではなく、存亡に関わります（組長のヤクザ復活話は具体的に進行していたが、その後潰れ、実現していない）」

一般にA組が処分した組員を第三者のB組が拾ってはならないというのがヤクザの不文律である。おまけにこの組長の場合、B組はA組から派生し、山口組内の現在の地位はB組がA組に優っている。実現に近づけば、紛糾しそうなことは容易に想像がつく。山健組が極心連合会に軽く見られたことになるからだ。

「この話が実現すれば、どっちが本家か分家かわからなくなる。山健組は体のいい草刈り場ってことでしかない」（前出、大阪の山健組関係者）

山健組は他にも火種を抱えている。熊本県内の組の処遇をめぐってである。

山健組に近い事業家が解説する。

「熊本には山口組の直系組が三つある。二代目稲葉一家・島村國光総長、三代目大門会・奈須幸則会長、三代目北岡会・原口武己会長の三つです。このうち大門会と北岡会は渡辺芳則五代目との縁が深かった。熊本にはまだいくつか独立系の組があり、それらは渡辺五代目の引っかかりから山健組に近いし、山健組が引き取るという話が前からあった。

ところがここにきて山口組本家、あるいは髙山清司若頭の線が強くなってきた。熊本勢とすれば、最初から本家若衆になった方がいいに決まっている。いわば本家と山健組との間で誰をスカウトするかで綱引きしているわけだけど、熊本勢の中で一つ爆弾のような組がある。

男気もあり、実績もある組長なんだけど、シャブ（覚醒剤）にも触るし、よその破門者も拾う。しかも山健組とは縁が深い。この組に対しては、司六代目から『首を切れ』といわれかねない。司六代目になってから、ことさらシャブは厳禁ですから。一つ間違えれば山健組という屋台骨にさえ響きかねない。これが今、もっともホットな問題ですよ」

「録音テープ入手説」の謎

山健組には内憂外患こもごも来る感が深いが、最初の疑問、なぜ渡辺五代目は引退したかに立ち返ろう。

山健組系の三次団体組長がいう。

「司六代目はクーデターに近い迫力で渡辺前組長に引退を迫ったと見ていい。引退しないなら、名古屋以東の直系組を糾合《きゅうごう》して『関東山口組』をつくると実際にいったかもしれない。山口組を飛び出てもいいとまで腹を括ったことは立派です。

問題は渡辺引退の決め手になったのは何かだけど、たとえば中野会問題のテープが司六代目の手に入ったのではないか。あくまでもSF的な推理で、証拠も何もない話です。

渡辺五代目は中野会・中野太郎会長（引退）を絶縁した後も電話では話していた。その話の中に、渡辺五代目が宅見若頭襲撃を事前に承認していたことを証す発言があり、それを中野太郎会長がテープに録った。そのテープが司六代目の手に渡れば、渡辺五代目は引退せざるを得ない。組内ナンバーツー殺しの親分なら、引退に追い込まれて当然です。そのくらい爆発力がある証拠を司若頭が握り、渡辺前組長を引退に追い込んだのではないか」

録音テープ説は初耳だが、宅見射殺の事前承認は広く信じられている。事件発生後、中野会長を山口組に復縁させる計画が何度も取り沙汰された。状況証拠面でも、渡辺前組長の事前承認説は引退理由として有力だろう。

「残念なのは司組長が渡辺前組長に引退を迫ったとき、前組長の側近が同席し、『仮にも親分に対して引退を迫るとは何ごとか』と発言しながら、『直参でもない者がよけいな口出しするな』と言われて、黙ったことです。

殴られても蹴られても言い続ければ渡辺引退は防げたかもしれない。もっとも渡辺前組長はその側近にも相談することなく、独断で引退を決めたようだから、言っても無駄だったかもしれないけど」（前出、三次団体組長）

公正な対応を図る

渡辺前組長は詰め腹を切らされるようにして引退した。そのため引退後、山口組総裁につけなかったばかりか、山口組に何ら影響力も残せなかった。山健組の不運と不幸はここに始まるが、加えて桑田兼吉・三代目山健組組長が病身と服役を抱えて、引退を余儀なくされた。

山健組に近い神戸の事業家が嘆息を漏らす。

「山健組は飛車角抜きで将棋やったのと同じです。対する司—髙山軍団は粛々と進み、しかも打つ手、打つ手が適切で素早い。とうてい烏合の衆の山健組は太刀打ちできない。おまけに未だに組は一部の側近政治で、風通しが悪い。腹を割った話ができないし、組長に用があっても、直接電話できないようじゃ時勢に遅れます」

とはいえ、仮にも天下の山健組である。戦闘性では見所があるのではないか。

「ダメですね。四〇〇〇人いても参戦するのはいいところ五〇〇〜六〇〇人。おまけに指揮命令系統がテンデンバラバラだから、効果的なケンカなどできない。

弘道会のケンカのやり方見てると、七〇〇人ぐらいの若い衆が整然と動く。あれはどう見ても命令の出所が一つです。だから強い。ケンカが強いか弱いかは結局、背景と保証の差だけど、弘道会は裏付けとなるカネももってますしね。

大阪の大物事業家が髙山若頭のところにカネを持って挨拶に行ったら、『カネは持って帰れ。追って連絡する』といって、それきりだそうです。受け取ろうとしない。また今回の人事で顧問と幹部になった二人がカネを持って祝いに行ったら、『カネは腐るほどあるから要らん』と突き返されたらしい。渡辺五代目の時代には考えられないことです」（山健組の関係者）

資金の潤沢さとカネへの身ぎれいさは相反するはずだが、その二つを立派にやり遂げているのが司—髙山ラインのようなのだ。山健組が対策に苦慮するのは当然だが、救いはある。

「司組長は情に厚いし、道理や筋に反することはしません。歴史や過去のいきさつも大事にする。だから山健組に限らず、特定の組を徹底的に追い込むなんてことをやるはずがない」（弘道会の関係者）

渡辺五代目時代は山健組だけを偏重してきた嫌いがある。ソレを是正したいだけの話というのだ。

六代目収監と髙山若頭の采配

五年間服役の影響

最高裁は〇五年一一月二九日、山口組六代目・司忍組長（本名・篠田建市）の銃刀法違反事件（共同所持）で上告を棄却、高裁判決通り懲役六年の刑を確定した。

司組長には異議申し立てという手が残されており、異議申し立てすれば、一〇日ほど収監期日の引き延ばしは可能だが、いずれにしろここ数日のうちに収監されることは間違いなく、以降、実質約五年間ほど服役するものと見られる。

司組長の上告棄却と長期服役は関係者が一様に予想していたことだが、司組長周辺は一二月一三日の山口組事始めには司組長が出席の上、主宰できると考えていた。もくろみは呆気なく外れたわけだが、これで懸念されるのは順調に基礎固めを進めていた六代目体制の不安定化である。

山口組の事情に通じる大阪の事業家は次のように分析する。

「髙山清司若頭は六代目の意向を受ける形で先頭に立ち、山口組改革を進めてきた。目上の者、キャリアで上位の者に対しても、位負けせず、はっきり物をいうことで、髙山若頭は評判が高かった。髙山若頭が引っ張って六代目体制の基礎づくりが進んでいたことはたしかだ。他面、司六代目が背後に控えているからこそ、発揮されたコントロール力でもあったはずだ。だが、ここで六代目収監となって、髙山若頭は後ろ盾を失った。これまで通り強引といっていいほどの指導力はもう発揮できないし、そればかりか、今までの動きに対する反発や反作用が出てくる可能性だってある」

大阪・西成の火薬庫

具体的にはどのような事態が起こり得るのか。先の事業家が「必ず最初に火を噴く」と不気味に予言するのは大阪・西成《にしなり》である。覚醒剤をめぐって近々抗争が起きると断言するのだ。

「髙山若頭の指導で、このほど山口組系のある組がMという古参幹部を絶縁処分にした。しかしこのMは渡辺芳則五代目や中野太郎・元中野会会長と兄弟分だったといわれるほどの大物で、自分と髙山若頭とではランクも実力もちがいすぎると自任している。絶縁されたのをもっけの幸い、六代目山口組が厳禁する覚醒剤商売を遠慮会釈なく進めるはず。そうでなくても西成のシャブは今、このMが押さえている。

他方、髙山若頭としては、絶縁されたMごときにいいように掻き回されてたまるかという気持ちがある。両方の意地がぶつかれば、西成を中心にドンパチは必至です。年内中にも両者激突の事態があり得ます」

問題は西成の覚醒剤を取り締まる大阪府警や厚労省近畿厚生局の麻薬取締部がどっちの味方につくかだろう。当然、麻薬・覚醒剤などの薬物を取り締まる側は髙山若頭陣営に与《くみ》すべきだが、とはいえ、取締当局が山口組と共闘してMを袋だたきする構図も考えにくい。

会津小鉄会の代紋問題

さらに今すでにくすぶっている一件として、会津小鉄会に対する代紋統一問題がある。関西の独立系団体の幹部が伝える。

「司組長が会津小鉄会・図越利次会長に『代紋違い』の舎弟盃を与えたのは一〇月一一日のことです。ところがここに来て会津小鉄会に対する髙山若頭の言い分が変わってきたらしい。『会津小鉄会も山口組系の組織だ。であるなら代紋、バッジの類を山口組と同様、山菱にするのが当然だ。よって山菱に変えるように』と要請したといいます。

が、これに対して会津小鉄会は難色を示した。『うちの代紋は幕末期以来の歴史あるものだ。それに、うちが受けたのは代紋違いの舎弟盃のはず。今さら山菱の代紋にというのは話が違う』と。

実は一〇月の舎弟盃でも会内にいろんな意見があり、この盃を受ける、受けないで気持ちが離れた幹部も少なくなかった。が、この代紋問題の話が伝わると、会津小鉄会はかえって結束が強まり、一度はやめかかった組員も戻ってきた。今は代紋を変えずで一致結束、意気高いようです」

断っておくが、この代紋問題にはまだ話し合いの余地があり、今すぐ抗争に結びつくものではない。が、司組長が服役となれば、髙山若頭の神通力に陰りが出ることは間違いないようだ。

若頭としての手腕

「髙山若頭にはちょっと事を性急に進めすぎる嫌いがある。代紋などは枝葉の問題で、何も代紋を争いのタネにすることはない。

それにハタで見ていても、直系組長の新旧交代などはちょっと急ぎすぎじゃないか。年寄りや病人が現状の地位にしがみつくのはみっともいい風景じゃないけど、そういう者にもいくぶんか猶予期間を与えるのが武士の情けのはず。司組長の収監を控えていたので、余計、事を急いだのだろうし、ご当人には、俺のやってる事に間違いないという自信もあったのだろうけど、ここに来て、急ぎすぎの咎めが出る可能性がある。聞くところによると、弘道会自体、必ずしも髙山若頭の一枚岩体制になってないって事だし」（前出、独立系の幹部）

もちろん司組長─髙山若頭はまれに見る絶妙のコンビという評価が高い。番頭としての髙山若頭はその実行力、私心のなさ、司組長に対する忠誠心、事務処理能力、どれをとってもピカイチというのだ。司組長の社会不在で、そうした世評が揺るぐのか、揺るがないのか、今その辺りが注目されている。

首都圏進出の最前線

國粋会傘下入り以前の準備

警視庁が把握している都内の山口組の構成員数（準構成員を含む）は〇四年末で九〇〇人、警視庁の管内にある山口組の組事務所は五五ヵ所という。

「企業事務所もそうとう多いと思いますが、実数は把握していません。参考までに〇四年末時点での他の団体の数字（いずれも都内だけ）をあげれば、住吉会七二〇〇人、稲川会一二五〇人、極東会二〇五〇人、國粋会五五〇人です。次の〇五年末には山口組と國粋会を合わせた数字、つまり一四五〇人が山口組の構成員数になります」（警視庁組織犯罪対策部の関係者）

だが、警視庁が山口組について把握している数字にはかなり洩れがありそうである。というのは都内と関東近県（東京、神奈川、千葉、埼玉、栃木、群馬）と、カバー範囲はちがうものの、山口組の山健組だけで、関東圏にはすでに一〇〇〇人単位の組員が進出済みというのだ。山健組が山口組の中でも大組織であることはご承知の通りだが、にしても約一〇〇組ある直系組の中の一つにすぎない。山口組全体として都内への進出メンバーが一〇〇〇人や二〇〇〇人できかないことは容易に想像がつく。一〇倍の一万人、二万人であっても不思議ないほどなのだ。

都内在住の山健組系幹部が明言する。

「山健組では関東統括委員長という責任者を立て、関東親睦会という組織をつくってます。これは関東在住のメンバーの意思疎通と連絡、親睦を図ることを目的にしてます。地域分けでA、B、C、Dの四班をつくり、各班に班長一人、副班長九人を立てて毎月一回例会というか、親睦会を開いてます。メンバーは関東圏の定住者ばかり。関西からの出稼ぎ者は認めてません。

一〇年ぐらい前までは関西から関東に出てきてパッと荒稼ぎして、関西に引き上げるといった若い者がいたことは事実です。今そんなに行儀が悪く、関東の他団体に迷惑をかけるような組員は認めません。それぞれ地域に住んで商売をやらせていただくのが基本ですから、地元を大事にしなければならないのは当然です」

九月に國粋会・工藤和義会長が山口組六代目・司忍組長から舎弟盃をもらって、山口組の最高顧問に任じられた。関東一のシマ持ち組織・國粋会の山口組入りは「関東に山口組大挙来襲」を予想させて、首都圏に衝撃を与えた。だが、なんのことはない。國粋会の山口組入り前に、着々と山口組は関東に進出し、しかも整然と内規まで調《ととの》えていたのだ。

関東の組織整備

先の山健組系幹部が話を続ける。

「関東親睦会がテコ入れされたのは三年ほど前に起きた山口組の内部組織同士のぶつかりあいがきっかけです。正直いってそれまで都内の組織はバラバラでした。在京の組メンバーがしっかり意志を統一し、仲よく親睦を深めないことには同様の事件がまた起きてしまうというので、今の井上邦雄・四代目山健組組長（山口組若頭補佐、当時は健竜会会長）が中心になって、関東の組織整備を急いだんです」

別の山健組系幹部が補足説明する。

「関東在住の山健組系組員には当然それぞれ所属する組の月総会に出てもらう必要があるけど、毎月関西に出掛けるんじゃ大変です。で、関東圏に組事務所をいくつか開いてますけど、我々は警察にも目をつけられる存在です。組織防衛の点から、関東圏に組事務所がいくつあるとか、公表できるものじゃない。

これまで桑田兼吉三代目組長は何でも控え目に控え目にと指導してきたから、今となっては実数を公表すれば驚く数字になるでしょうけど、全国の山健組が四〇〇〇人できくわけがない。

〇五年に入って山健組から四人が直参（直系組長）に上がりましたけど、我々はこの昇格で山健組の組員数が減るなんて考えたことはない。それどころか若頭補佐に上った極心連合会・橋本弘文会長はもちろん、太田会・太田守正会長、木村會・木村阪喜會長、大同会・森尾卯太男会長に対しては、それぞれ首脳部が出席した上、昇格祝いを開いて、ますます山口組のために、六代目の親分（司組長）のために、頑張ってほしいと喜んで送り出してます。

関東親睦会はこうした直系組になったところの傘下組織は名簿から抜きましたが、そういうところに万一揉め事が起きれば、我々は喜んで手伝いもするし、応援もする。これが逆に、我々の側に揉め事が起きれば、向こうからも同じように陣中見舞いや応援がくるはずです。そういう関係なんです。直参組との間に緊張感なんかまるでない。関東親睦会は関東に進出しておっても、仮にも、軒先を借りて母屋を取るような真似はしない。肩が触れ合っただけで殺し合いするようなばかばかしい真似は絶対しないし、してはならないと肝に銘じてます。内部的にも完全に一枚岩です」

「関東でゴチャはしない」

関東で事を起こさずは山口組全体の総意といっていいようだ。司組長の出身団体である弘道会からして、東京では自重、自戒を旨《むね》としている。

弘道会系の幹部が言う。

「弘道会はすでに東京に小さいながら専用事務所を開き、統括責任者を置いてますが、これは東京でのパイプづくり、人脈づくりだけが目的で、國粋会と組んで関東二十日会系の組織に対してどうこういうことはいっさいしてません。だいたい親分（司組長）からきつくいわれてます。國粋会が山口組に入ったからといって、東京にどんどん出て行って、國粋会の費場所を荒らすようなことをするな、そんなことをしては國粋会に対して失礼だ、と」

この幹部によると、國粋会・工藤和義会長の山口組入りは國粋会の内紛の解決で、山口組に世話になったからといった実利的ないきさつからではないという。

「内紛を解決していくという接触の中で、お互い人間がよく分かったという面はあるでしょうけど、工藤会長が山口組に入ってくれたのは、自分の身をもって六代目発足に花を添えてくれたってことなんです。

歴史ある國粋会が山口組の舎弟になるというのはハタが想像する以上に大変なことなんです。関東二十日会との関係もあるし、稲川会、住吉会との深い関係もある。そういう関係を脱ぎ捨て山口組に入るに当たっては当然、摩擦が予想されます。工藤会長はそういうこと一切がっさい覚悟の上、男が男に惚れて舎弟の盃を受けてくれたんです。

こういう経緯がある以上、山口組は東京で慎重な上にも慎重に行動して、決して國粋会の顔に泥を塗るようなことはしないと決意するのは当たり前です。今後とも絶対東京でゴチャ（無茶、乱暴なこと）はしないと誓約できます」

たしかに東京では、山口組と他団体との間で小競り合いがあったという話は聞かない。渋谷では住吉会からは向後睦会と石井会、稲川会からは三本杉一家、國粋会からは落合会が話し合いに出て、今後のシマ貸しできっちり話がまとまったとされる。

六本木も同じように話し合いがついた模様だ。

「六本木交差点のアマンドからロアビル、麻布方面にかけては、もともと國粋会のシマだけど、長いこと住吉会の小林会が借りジマしている。ベルファーレ側は表参道や渋谷まで広大な面積を含めて、國粋会のシマです。この一帯はどこにも貸していず、國粋会の直接管理。瀬里奈から赤坂方面にかけては住吉会の大日本興業独自のシマです。

最近、國粋会の落合会が山口組系弘道会の幹部を連れて、住吉会に『山口組のシマになったから立ち退いてほしい』と掛け合いに来たそうです。立ち会ったのは住吉会の向後睦会の幹部で『早急には返事ができない』とやわらかに断り、にらみ合いになったとか。が、双方大人の対応をして、当面はこれまでのパターン通りの貸借関係を継続するとなったそうです」(ヤクザ事情に詳しい都内の事業家)

銀座で圧倒的にクラブが多いのが七、八丁目だが、ここは國粋会系生井一家のシマで、借り手は住吉会の小林会。福田晴瞭会長のお膝元だから、山口組─國粋会連合に返せといわれても、返せるものではないが、これまた騒ぎになったという話を聞かない。

「関東二十日会」の出方

だが、関東二十日会系組織が山口組に対して拱手傍観《きょうしゅぼうかん》しているかというと、そうでもないようなのだ。

関東のヤクザ世界に詳しい都内の実業家が最新情報として、こう伝える。

「関東二十日会に加盟する組織同士で以前抗争があり、その抗争を仕掛けた側の責任を問う意味で、幹部二人がそれぞれ絶縁、引退になったことがあります。ご存じの通り、ヤクザの世界では絶縁は永久追放を意味し、絶縁された以上、復縁なしが原則です。

が、このほど二人の処分を解き、組織に復縁させるという話が持ち上がってます。力のある幹部だから、やはり戻って組織の立て直しに尽力してもらいたい。そのためにはヤクザのルールも超えようというわけです。仕掛けられた側もこの復縁に内諾を与えたといわれてます。

山口組に対抗するためには超法規的なルールの解釈もあり得るわけでしょう。問題は仕掛けられた側の傘下組織がこの措置に納得するかどうかです。まかり間違うと、新たに内紛の原因になるのではないかと危ぶむ向きが少なくない」

しかし関東二十日会がどうあれ、山口組側からは騒ぎを起こす恐れがないとはいえそうである。全国どこでも山口組の縄張りと考える一方、進出するに当たってはあくまで礼儀正しく、他団体を刺激しないがこれからのルールなのだ。こういう山口組は警視庁にとってもっとも扱いにくい相手になりそうである。挑発に乗らず、検挙のきっかけを摑むのが難しいからだ。

山健組・井上邦雄組長、執行部入りの背景

当代服役前の的確な処理

○五年一二月一三日、山口組は恒例の催しである「事始め」を取り止め、代わりに納会を開いた。神戸市灘区篠原本町の本家での納会に参加した山口組の関係者がいう。

「納会といっても、特筆すべきことは何もない。髙山清司若頭以下、幹部が出席したけど、重要事項の発表はなく、かといってきれいどころが入って盛り上がるわけでもなかった。当代（司忍組長）が服役したばかりだし、五日に月総会も開いているから、当たり前の話だけど。

場所は五代目（渡辺芳則前組長）が住まいに使っていた本家の二階です。五代目が引き払った後、ばたばた内部を改造して、今は住まいというより、変わった感じのオフィスですよ」

渡辺五代目が使っていた南側の細長い部屋は会議室に変わった。二階の広間は八〇畳あり、廊下を含めれば一〇〇畳の広がりになる。一〇〇人からの直系組長たちがゆったり座れる。

一階は真ん中の部屋が食堂、その隣が事務・会計室、応接室と続く。元田岡邸だった旧本部の二階は顧問、舎弟など、幹部用の会議室に変わった。

「要するに旧本部と本家を含めて、当代はまるで篠原本町には住む気がないってこと。あそこは二棟とも山口組の本部に使う。当代が住む本家は名古屋です。まあ服役を控えていたから、住みたくても住めない状態だったわけですけど」(前出、関係者)

たしかに司組長―高山若頭が素早いのは人事、外交面ばかりでなく、こうした事務、庶務関係にも及んでいる。何事も手早く的確に処理していくスピードは驚くほどである。

司忍組長はおそらく服役に対してもさっさと片づけたいと考えたのだろう。最高裁の上告棄却決定に異議申し立てすることなく、五日、大阪府警に出頭し、大阪拘置所に収監された。司組長の残刑は五年三ヵ月とされるから、以降山口組では二〇一一年三月の出所まで、長期の組長不在が続く。

組内最大勢力への配慮

司組長が服役する前、置きみやげのように進めたのは四代目山健組・井上邦雄組長の若頭補佐と阪神ブロック長への昇格・抜擢人事だった。それまでの阪神ブロック長は岸本才三最高顧問だったが、井上若頭補佐と交代した。若返り人事の一つに違いないものの、それ以上の意味が込められているらしい。

直系組長の一人が指摘する。

「六代目になって山健組からは何人も直参を出したけど、まだ五〇〇〇人からの組員を抱えている。山口組の中で最大、最多の勢力が山健組であることは五代目当時と変わらない。

当代とすれば、自分が刑務所にいる間、山口組に何事もなくと願うのは当然のことです。髙山若頭は有能だけど、幹部になって日も浅い。有能であるが故に、反発する向きもある。とすれば、最大勢力である山健組に山口組の運営で力添えしてもらいたい。執行部に入って協力してほしい。そういう願いを込めた井上組長の若頭補佐への昇格です。

渡辺五代目は神戸の鈴蘭台と宇治川（北長狭通《きたながさどおり》）に住まいを持っている。山健組の幹部たちが何かと五代目をフォローしているのは事実だけど、山健組の基本が『六代目中心』にあることは明らかです。井上組長も当代の期待に十分応えてます」

もっとも名古屋の弘道会に近い筋からは井上組長の昇格は当然という声がある。

「もともと司組長が、組のため長期服役した組員を大事にすることはハンパじゃない。そういう人の働きがあって、シャバにいるわしらは飯を食えてるんだという考えが徹底してます。

弘道会では何があっても服役者やその家族が一番で、家まで買ってやる。子供の誕生日にはその子が男の子なら自転車、女の子ならピアノを祝うとか、正月にはあんこの入ったお鏡を送る。地方から本部にスイカやカニが大量に送られることがあるけど、まずお裾分けするのは服役者の家族にですよ。

井上組長は山健組の健竜会にいた時分、大阪戦争で松田組系の組員を射殺した事件の首謀者として、一七年もの懲役に行っている。自分の利害や好悪《こうお》で行った懲役じゃない。山口組のために行ったんです。であるからには幹部に登用して当然です。そうでなくても、井上組長は八月の襲名のときから若頭補佐の候補に挙がっていた。今、執行部入りするのは不自然じゃない。これで執行部づくりがようやく完成したってことです」

盃事に対す髙山若頭の判断

もっとも別説もある。「あくまでも噂だが」と断って紹介するのは、山口組情報に通じる関西の事業家である。

「枝の組から直系組長に抜擢して、当代が盃を下すとき、盃事に立ち会うのは執行部が中心です。今は大勢を集めない。

一一月の総会で山健組から木村會・木村阪喜會長、大同会・森尾卯太男会長がそれぞれ直参に上がったと発表があったけど、二人の盃事に山健組は呼ばれなかった。井上組長はそのとき執行部入りしてなかったから、当然だけど、山健組にすれば、盃を受ける者たちが山健組から出ていながら、その式に自分たちが出て祝わなければ、第一抜擢された者たちも気持ちが悪かろうと思って、その旨、髙山若頭に伝えたって話です。

髙山若頭も筋が通った話にもっともと思い、これからはそれまで以上に山健組を立てなければと、認識を新たにしたって話です。それが今度の若頭補佐人事に結びついた」

盃事に呼ぶ、呼ばないは面子《メンツ》がからむ話である。判断は難しい。もっとも、この盃事のやり方云々にも反論がある。渡辺五代目が発足した当初、山健組から直参に上がった組長に近い筋がいう。

「関係の深い者が盃事に出席するということなら、井上組長が当代から直参の盃をもらうとき、山健組出身の直系組長たちは呼ばれなかった。本来なら呼ばれていいはずだけど、今は万事簡素化して、執行部だけの盃事で済ましている。直参たちが毎度神戸に行くのは大変だから、一種の合理化でしょう。

その代わり、執行部は大変ですよ。毎日、本部に詰めて、自分の組のことはまるでできない。シノギもできない。組合などの専従と同じです。カネを持っている者でなければ、若頭補佐はつとまりません」

司組長は長期の不在になったが、今のところ電撃的な体制づくりが功を奏して、組内に波乱要因はないと見られる。

前出の関西の事業家が語る。

「今、山口組で事を起こして何かメリットがあるかといえば、何もないでしょう。司組長は完全に『錦の御旗』を手にしたんだから、事を起こせば返り討ちに遭う。

山口組系の組から絶縁されながら、大阪・西成で覚醒剤取引を一手に握り、髙山若頭とはランクが違うと息巻いていた古参幹部も九州に帰ったようです。一時は抗争必至、最初の発火点はここと見られてましたが、弘道会がパトロールを実施して身動きできず、ひとまず様子見を決め込んだんじゃないですか。発火は遠のきました。

ただし警察の見方は別です。司組長は五年三ヵ月もの長期、空席が続く。この間、何も事が起きないはずはないって見てます。次に事が起きるとき、山口組は分裂する。分裂させる方策はないかってしきりに探りを入れてる。

警察も情報取りには相当苦労しているようです。何しろ六代目体制は警察、マスコミとの接触厳禁だし、新旧の世代交代があったから、旧来の情報パイプが役に立たない。直系組長クラスでも今山口組に何が起きているか、分からないっていうほどですから。警察にしても、パイプの構築から始めてるようです」

博徒の領分を守る國粋会

東京、首都圏も総じて平穏である。東京を代表する繁華街、銀座でも地元勢との間にぶつかり合いは起きていない。

前節、銀座では國粋会・生井一家のシマを住吉会の小林会に貸していると記したが、正確にはニュアンスが違うようだ。つまり銀座が國粋会のシマであることは厳然たる事実だが、小林会にシマは貸していない。國粋会は博打打ちの団体であり、銀座で実際に賭博を開帳するかどうかは別にして、開帳する潜在的な権利は持っている。しかし銀座では女性とか氷の販売、流しのギター弾き、ミカジメなどの権利は主張していない。よって國粋会と小林会とは共存共栄で棲み分けているというのだ。

銀座に限った話だが、國粋会はまちがっても銀座の飲食店や風俗店で「ミカジメを寄越せ」とはいわないらしい。國粋会の言い分によれば、國粋会と小林会は稼業違いになる。警察の分類では暴力団は博徒、テキ屋、青少年不良団（愚連隊とも）の三つに大別される。

國粋会も暴力団対策法に基づく指定暴力団にちがいないものの（山口組入りで今後

は指定が外れる）、山口組の舎弟になった工藤和義会長は「何事も地味に」をモットーとしている。伝統ある博徒としての矜持《きょうじ》があるからだろう。

よって警視庁が山口組と國粋会を対象に九月、捜査員八〇人体制で「集中取締特別捜査本部」を設置しても、今までの検挙人員は五～六人に過ぎない。時代遅れともいえる「博徒」を貫いて、シノギをミカジメなど、他に求めることが少ないからだろう。

山口組にしても、前節で、本家に近い幹部の話として「山口組は東京で慎重な上にも慎重に行動して、決して國粋会の顔に泥を塗るようなことはしないと決意するのは当たり前です。今後とも絶対東京でゴチャはしないと誓約できます」という言葉を伝えたが、國粋会と山口組、二組織の気持ちや思いが一致して、東京、首都圏で地元勢との間に衝突や抗争がない今の状態を現出しているのかもしれない。もちろん、司組長服役の後もこの状態が続くとは保証できないのだが。

第二章　山口組一極化の影

警察が見たヤクザ界再編動向

新体制づくりを急ぐ稲川会

山口組が國粋会の工藤和義会長を舎弟に加え、東京にいつでも好きなとき侵攻できる橋頭堡《きょうとうほ》を確保した。今のところ山口組は橋頭堡を出て攻撃に移る気がないのか、音なしの構えだが、迎え撃つ関東二十日会側の対応はどうなのか。

東西の暴力団事情に通じる東京の実業家がまず稲川会の動向について解説する。

「稲川会の会長は〇五年五月、三代目の稲川裕紘会長が病死して以来、空席が続いている。裕紘会長は死の直前、実子の稲川英希さんを本部長にして、側近の六代目一ノ瀬一家・浅井信吾総長を理事長に据えた。

早晩、稲川英希本部長を四代目会長につける予定で、そのための体制固めに入っている。〇一年八月、東京・葛飾の斎場で住吉会の最高幹部が射殺された事件の関係で絶縁されていた岸本一家・岸本卓也総長は呼び戻して今は会長補佐に就けている。もちろんこれも英希さんをバックアップするためだ。

稲川会とすれば、当然、國粋会・工藤和義会長の山口組入りは面白くない。裕紘会長が健在だったころは兄弟分の関係にありながら、亡くなってすぐ山口組と盃されてはカチンと来るでしょう。だけど、外に対して物をいう前に、自陣営の新体制づくりを完成させなければならない。それまでは辛抱と思ってますよ」

よって今はことさら山口組には対応していないという。もう一人斎場の事件で稲川会の大前田一家八代目・小田建夫総長が絶縁された。小田総長も実力者で、復縁できるなら、稲川会の力になるはずだが、今は意想外の動きに出ているようだ。

「力がある人だから、自分の考えで動く。小田さんの息子は横浜の山口組の直系組に入っている。その縁かどうか分からないけど、小田さん自身もやはり横浜の山口組直系組で客分をやっているらしい。裕紘三代目会長も五代目山口組の渡辺芳則前組長とは兄弟分だったから、その縁でいえば、おかしい話ではないけど、今となってはちょっと違和感もある。稲川会へのカムバックは難しいんじゃないか」(前出の事業家)

稲川会と山口組は長く親戚づきあいを続けてきた。六代目山口組になってから敵対関係に入ったわけではなく、関係は従来通りと見るのが正しいのだろうが、山口組対関東二十日会という構図で見ると「腸捻転《ちょうねんてん》」じみたねじれ現象が存在する。稲川会に限った話ではなく、住吉会にも似た話がある。

住吉会、共政会の内部事情

「東京・新宿は國粋会のシマではなく、國粋会の山口組入りでも無風状態だけど、歌舞伎町を仕切る実力組長が住吉会の幸平一家総長代行で、加藤連合の加藤英幸組長です。山口組系の組と地元組織がもめても、加藤組長が出て行けばたいてい収まる。だいたいヤミ金で世間を騒がせた山口組系五菱会さえ、加藤連合にケツ持ち（用心棒）を頼み、上納金を納めていたほどです。

加藤連合は組員五〇〇人以上、住吉会の中で最多なんじゃないか。実力があるだけに、住吉会でも執行部の意向をあまり気にせず、独自路線を歩んでいる。山口組の偉い人や沖縄旭琉会の富永清会長とか、五分と五分の兄弟盃、五厘下がりの舎弟盃など、驚くほど他団体に人脈が広い。

國粋会の山口組入りは住吉会の主流派にはたしかに打撃でしょう。いずれ何らかの影響が出てくる。が、こと加藤連合に限れば、高みの見物を決め込んでいても、ダメ

ージは受けないはず。山口組にも太いパイプを敷いているから、どう転ぼうと安泰です」（前出の事業家）

ヤクザ界には再編組み替えが進みそうな気配がある。首都圏ばかりでなく、広島にもそうした胎動はある。

広島は「仁義なき戦い」を経て共政会一本でまとまったが、九六年山口組系山健組の桑田兼吉組長（当時、現引退）が会津小鉄会・図越利次若頭（当時、現会長）、四代目共政会・沖本勲会長の二人と「五分三兄弟盃」を交わしている。

「今の五代目共政会は守屋輯会長です。守屋会長は〇四年六月恐喝容疑で逮捕され、今も公判が続いている。

そういう最中に悪い冗談だろうけど、住吉会が資金的に共政会を応援してもいいと言ったという噂が流れている。というのは、守屋会長は住吉会の大幹部と兄弟分だからです」（東京・六本木の事業家）

山口組が司組長になって以来、この手の話は全国各地で飛び交っている。これまでの独立団体が山口組色に染まるばかりでなく、山口組以外の団体が分割・再編される、もともと山口組系の幹部や組員たちが一派を打ち立て旗揚げする、いったんは山口組色に染まった団体が山口組に反旗をひるがえす——など、風説段階ではなんでもありの状態なのだ。

警視庁の特別捜査本部

警視庁が味方するのはもちろん関東系の団体である。本音は山口組など、東京に一兵も入れたくない。

元住吉会系の幹部が語る。

「一〇月ごろだったか、住吉会の最高幹部のところに警視庁の幹部三人が訪ねて来て、言ったそうです。『國粋会を最重点課題にして壊滅する。どんな些細なことでもパクるから、先に手を出さないでくれ』

山口組や國粋会の方から先に手を出したんなら応戦するのはいい、だけど住吉会が先手を取ることはするなという意味でしょう。その後、雑談になって、警視庁の幹部は語ったそうです。

『山口組の司組長は間違いなく上告棄却で服役する。司組長が社会不在になれば、山口組内部で分裂抗争が始まる。そうなったら警察庁の主導で警視庁と大阪府警が徹底的に山口組を叩く。それまで住吉会はおとなしくしていてくれ』東京でさしたる動きがないのは、こうした警視庁の要請を容れてるからです」

警視庁の関係者が語る。

「山口組の東京進出は今までもあり、今後も継続すると思われます。これまでも山口組と在京組織との衝突は度々あり、今後もあるはずです。

警視庁が衝突回避のため、何をするかですが、これまでも山口組は重点取締対象でした。九月に『山口組集中取締特別捜査本部』をつくってます。この『特別』がついているところに警視庁の意があるところを察して下さい。盛り場を対象とするだけでなく、あらゆる対策を取って警戒態勢を強化し、國粹会の山口組入りは失敗だったと思わせたい。

仮に抗争に発展した場合には山口組、在京組織の両方を潰すチャンスですが、一面では都民に与える影響が大きい。不安に陥れたりするのはまずいので、抗争の発生を抑えることに力点を置いてます」

山口組や國粹会もこうした警視庁の思惑は十分承知している。そのため前々節お伝えしたとおり、山口組側から手を出すことは厳禁され、今のところトラブルはない。

解散命令より重い使用者責任

六代目山口組は東京の國粋会や京都の会津小鉄会に限らず、関門を中心とする六代目合田一家、大阪の七代目酒梅組など、多くの独立組織を傘下に加え、後見して、急速に地方組織への影響力を強めようとしている。

今さら全国制覇でもあるまいにと小首を傾げたくなるほどだが、一部に、暴力団対策法の改正を睨んでのことという見方がある。

「ゆくゆくヤクザが抗争すれば、即、解散命令という時代が来る。それを防ぐにはどうしたらいいか。ヤクザが大同団結することだ。同一組織内の内紛なら、たとえ発生しても解決が早い。だからその下工作として山口組への加盟促進、山口組の後見だというんです」（執行部に近い関西の事業家）

だが、警視庁の関係者はこの見方を否定する。

「だいたい近い将来、暴力団対策法を改正する予定がない。その上、組を解散すればトップの責任が問えなくなる。国税も組が解散すれば、脱税分の徴収ができない。だから組の解散命令は出さず、かわりに組長の使用者責任を今以上に厳しく問う。

この方が暴力団には痛い。抗争が起きれば、一般人が誤射で死傷しようが、しまいが、即、トップの身柄を取る。使用者責任はわれわれが思う以上に、暴力団には頭痛のタネのようだ。山口組の渡辺芳則前組長など、使用者責任を問われるのが嫌で、辞めたといわれるほどだが、使用者責任が怖いのは山口組だけじゃない。

住吉会などもそうで、〇七年春には暴力団対策法による指定暴力団・住吉会の『代表する者』が西口茂男総裁から福田晴瞭会長に切り替わるとされている。山口組に対しても、司組長の使用者責任を問う。司組長が刑務所にいても関係ない。刑務所は究極のアリバイ（現場不在証明）だといった言いぐさは許さない」

山口組三代目・田岡一雄組長の時代と異なり、当時と同じように山口組の「全国制覇」といっても、今は野放図な抗争が飛び出す時代ではない。業界の再編は着々と進んでも、斬った張ったではなく、無血の再編組み替えが進む可能性が高い。

東京を例に取れば、山健組系の幹部がいう通りなのだ。

「われわれは関東に進出しておっても、仮にも、軒先を借りて母屋を取るような真似はしない。肩が触れ合っただけで殺し合いするようなばかばかしい真似は絶対しないし、してはならないと肝に銘じてます」

いわば管理されたヤクザ界の再編だが、とはいえ、その中で地図の塗り替えも、新旧の世代交代も、下が上にのし上がる下克上も、出現しそうだ。ひと頃上層部だけ既得権益は絶対維持という風通しの悪さがあったが、それが改まる気配はある。無血ではあっても、少なくとも人間ドラマは期待できそうである。

組長たちの資金繰り実態

直系組長の年会費は一〇〇〇万円

山口組は司忍組長に代替わりしてから、直系組長への推薦基準が変わったとされる。渡辺五代目時代には何より組長の持つ経済力を重視したが、司六代目体制では人格、識見、地域での評判など、何より人物本位に変わったというのだ。

だが、そうはいっても、経済力がなければ直系組長であり続けることは難しい。渡辺体制下の〇四年から個々の直系組長が月々納める会費は一律三〇万円アップされていた。それまで幹部七〇万円、それ以外の無役の直系組長が五〇万円だったが、それぞれが一〇〇万円と八〇万円に引き上げられたのだ。最低でも年間一〇〇〇万円前後のカネを山口組本部に納められるほどの経済力は、一般でいえば繁盛している開業医や弁護士、大企業の社長クラスに匹敵しよう。つまりは年収が最低でも五〇〇〇万〜六〇〇〇万円以上のクラスでないと困難だろう。

直系組長の一人が語る。

「親分が司さんになって以降、いくぶんか月の出物（支出）は多くなりましたけど、基本は渡辺五代目時代と同じですよ。ヒラの直参は八〇万円、月の積立金が三〇万円。五代目時代と比べて、歴代組長の墓参とか山口組組碑の建立とか、計画や行事が多く、支出先が増えていることは確かだけど、そういうのは基本的に月会費の中で賄ってる。カネ、カネと手を差し出されることはないですね」

渡辺五代目時代、直系組長になるには最低でも五〇〇〇万円の一時金が要るとされた。たとえば九一年一二月、山口組は新たに六人を直系組長に取り立てたが、このとき六人はそれぞれ五〇〇〇万円のカネを本部に運んだという。一体どういう名目のカネだったのか。

一つに麻薬追放を目的とする「全国国土浄化同盟」の設立準備と、九二年施行の暴力団対策法への対抗措置で、山口組は九一年末から九二年一月にかけて、当時の直系一一六団体から一律各二〇〇〇万円を集金した。

さらに九一年三月には神戸市灘区篠原本町の山口組本家を本店所在地にして授権資本金八〇〇〇万円で株式会社「山輝」を設立した。発行済み株式は四〇〇株（一株五万円）だったが、各直系組長にはこの株の割り当て引き受け分の支払いを求めた。

また八九年、五代目山口組が発足したが、このとき故田岡一雄三代目組長の旧宅を山口組本部とするため、その買収費の支払いで、直系組長一人あたり一〇〇〇万円を割り当て拠出させた。

五代目時代の裏金疑惑

三年ほどの間に矢継ぎ早に繰り出されたこうした臨時費の徴収が、新規に抜擢された直系組長にはいちどきに掛かってきた。それが「直系組長になるには五〇〇〇万円が必要」だったのだ。しかも国土浄化同盟が神戸・元町駅の北側に用意したビルは事務所開きの直前、神戸地裁から使用禁止の仮処分の決定が出た。スタート前からつまずき、所期の目的を達することはできなかった。

兵庫県警の関係者がいう。

「国土浄化同盟のビルはその後競売に掛かって、山口組はビルを手放し、今ではすっかり手を引いてます。

山口組本部には関係の会社がいくつかある。活動もしないいまま、直系組長からカネだけ集めるのは詐欺に当たるんじゃないかと疑って、われわれも調べたことがあるけど、会社法や商法に基づいて総会を開き、きちんと片づけているようです。今のところ違反はちょっと見当たらないんじゃないか」

一説に直系組長たちが出資したカネで山口組本部近くに所在した某国の領事館だか、領事公邸だかの跡地を買ったという話も流れている。

また神戸市灘区篠原本町四丁目一九、山口組本部（旧田岡邸）の敷地四三一平方メートルと、鉄筋コンクリート造り二階建て六二四平方メートルは一〇四分の一ずつ直系組長たちが所有していたが、今ではすべて株式会社「山輝」が個々の直系組長からそれぞれの持ち分を買収して、全所有している。ややこしいところはほぼなくなったと見られる。

なぜややこしいかというと、かつてこういう話が流れたからだ。

「大阪・堺市を地盤にするHという直系組長がいた。Hは建設業を営み、府や市の指定業者の中でも有力だった。ところがバブル経済の破裂で会社の金繰りがつかなくなった。Hは山口組本部に掛け合い、出資したカネを返してくれ、または出資したカネはプールしてるはずだから、その中から融資してくれと頼み、結局は断られた。おかげでHの建設会社は倒産、Hも山口組の直系組長でいられなくなり、組を解散、引退に追い込まれた。Hは恨みを残し、山口組の金集めは詐欺だといったというんです」(大阪の業者)

とかく巨額のカネを集めると、関係者から誤解や摩擦を招きがちである。五代目時代の山口組には真偽は不明なものの、集めたカネの使い込み、流用、使途不明など、いくつかの疑惑情報が外部に流れ出ていた。

六代目体制ではさすがにそのような話は聞かない。五代目時代からの引き継ぎがどうなったか、どうしたかは懸案事項だろうが、発足後間もないのだし、司組長は質素を旨として蓄財にはまるで関心がないとされる。明朗会計は当然のことだろう。

シャブ、ゼネコンに替わる新シノギ

だが、本部の会計がクリーンなことと、個々の直系組長たちの経済が潤沢かは別の問題である。

「関西の経済はまだまだ冷え込んでます。直系組長一〇〇人余のうち、執行部を除けば、懐《ふところ》が潤っているのはたかだか一〇人ぐらいじゃないか。月の会費の支払いさえあつぷあっぷという直系組長が何人もいる」と語るのは、直系組長たちとのつき合いが深い阪神の事業家である。

事実、山口組系の中堅幹部もシノギが厳しいことは認める。

「結局はうまいシノギが見つからないからですよ。ひところおいしかった金貸しはもうダメ。違法の高金利なら、金利ばかりか元本まで返さなくていいという判例が出たから、貸せたものじゃない。貸しても、貸した元金さえ戻って来ない。

覚醒剤はいわれるほど悪くない。だけど、山口組ではシャブに触れれば、上の直系組長まで絶縁される。シャブばかりかシャブ屋のケツ持ちしてもあかんていう話です。シャブ用の注射器を売るぐらいならいいだろうと、売ってる仲間もおるけど、注射器一本が一万円だから、タカが知れた商売ですわ。

今なんとか持ってるのは建設関係だけですね。ゼネコンが『名義人』を立てる。その名義人がヤクザとつながり、ヤクザが下請けなんかを『サバキ』してカネにする。世の中が急スピードで動く中で、ゼネコンとヤクザとのつながりは旧態依然、変わってません。

新しいところではインターネットカジノがいいようです。一店が月三〇万円ぐらいミカジメを出す。全国ではもう三〇〇店ぐらいオープンしてます。これの仕切りは山口組系の某組と住吉会系の某組が独占してる。おいしい商売ですわ」

インターネットカジノはまだあまり世間に知られていない。どういうものか、じゃっかん説明が必要だろう。

新宿、渋谷、赤坂、六本木、上野。東京以外でも大阪、神戸、姫路などの繁華街にオープンしている。客はこういうネットカジノ店に入り、店に設置されたパソコンでバカラやブラックジャック、ルーレット、スロットマシーンなどで遊ぶ。

画面に映し出されるのはフィリピン政府公認のカジノとのこと。ゲームの方式は二種類あり、プログラミングされたゲームソフトと、リアルタイムでカジノの現場を映すストリーミング配信（動画と音声を伴う）の二つがある。

ストリーミング配信のバカラを例にとると、女性のディーラーの前にスキャナーがある。彼女はシュー（カード箱）から通常の倍ほど大きい特製のカードを取り出すとき、カードをスキャナーの上ですべらす。スキャナーはカードの裏面を読み取り、モニター画面にカードの模様と数を示す。

客が遊ぶ気になれば、その日、賭けたいだけのカネを店に渡し、画面上に手持ちポイントとして書き込んでもらう。一ポイントが一〇〇円で、バカラなら最低四〇〇円から最高五万円まで賭けられる。客はライブのディーラー嬢相手に勝負を繰り返す。最終的に客が勝てば、店がその場で勝ったポイントを現金化して、客に渡す。客が負ければ、要するにポイントがゼロになるだけだから、最初に店側に渡したカネ以上に負けることはない。

つまりカネの受け渡しに関するかぎり、フィリピンではなく、その店がカジノであり、賭場なのだ。感覚的にはアングラカジノで遊ぶのと、さほど差はない。にもかかわらず、今のところ、警察から摘発された例はなく、半ば合法的に営業されているらしい（その後、全国各地で摘発された）。

日本ヤクザの生き残り方

先の中堅幹部が話を続ける。

「要するに昔からのシノギはもうダメってことです。建設とシャブ以外、いいものはない。インターネットカジノのように新しいシノギを始めるには頭もいるし、ブレーンも必要になる。それ以前の問題として、新事業に通じるような人を大切にして、ふだんから親しくおつき合い願わなくちゃならない。それができるヤクザが何人いるかってことですよ。

たしかに國粋会は山口組に入った。だけど、山口組の人間が東京に出て、シノギが前よりやりやすくなったかといえば、むしろ逆でしょう。國粋会の顔に泥を塗るようなことはするなってんだから、昔以上に今は慎重に動く必要がある。われわれにとってメリットはほとんどないですよ」

六代目山口組の大目標は田岡一雄三代目組長時代の復活や再現、あるいは全国制覇などと囃《はや》されている。だが、野放図な膨張より組織の引き締めが案外、今後の方向になるのかもしれない。山口組全体の経済規模や、個々の組員の経済レベルは縮んでもいい。一般人にさほど嫌われず、一般人と同レベルの生活を営むことができればというのが獄中の司忍組長が発するメッセージかもしれない。

太く短く生きるより、細く長く伝統的日本ヤクザとして、社会の中に生き残っていきたいという願いであるなら、たしかに外国人犯罪の激増などに照らして、一般から受け入れられる可能性がありそうではないか。

ホリエモン逮捕と裏社会

ゴミと呼ばれる一般投資家

ライブドアの堀江貴文社長（三三）ら四人が〇六年一月二三日、証券取引法の違反容疑で逮捕された。堀江容疑者はすでに社長を辞任、ライブドア本体はもちろん、関連会社の倒産・解体さえ現実のものになろうとしている。

現代の寵児《ちょうじ》が一夜にして高転びした。ほとんど全メディアの報道がライブドア一色に染まったのも当然だろう。大小、軽重にかかわらず、関連情報は逐一《ちくいち》伝えられ、読者はすでに耳タコ状態かもしれない。

だが、ここで見過ごしてならないのはライブドア事件は氷山の一角という事実である。ミニバブルといわれるまでの過熱株高の背後では、ライブドアが執ったと同じ仕掛けや手法がいくつも仕掛けられている。損をするのは彼らから「ゴミ」と呼ばれる一般投資家なのだ。

たとえば今回の捜査の端緒となったライブドアマーケティング社（以下、ＬＤＭ社と略す。当時はバリュークリックジャパン社）の株価吊り上げに使われたのは「投資事業組合」だった。

堀江容疑者らは〇四年一〇月、支配下の投資事業組合「ＶＬＭＡ２号投資事業組合」がすでに出版業のマネーライフ社を現金約四〇〇〇万円で買収していたにもかかわらず、その事実を伏せ、株式の交換でマネーライフ社をＬＤＭ社の完全子会社にすると、虚偽の情報を公表した。

同年一一月、ＬＤＭ社は交換に備え、一〇〇社の株式を百分割すると発表し（これによりＬＤＭ社株を一株持つ投資家は自動的に一〇〇株持つことになる）、同社株は高騰した。株式の交換でマネーライフ社に渡ったＬＤＭ社株は両社の間で秘密に結ばれた覚え書きで投資事業組合にそっくり渡され、投資事業組合はその株を高値で売り抜けて、うち八億円をライブドアに環流させた。

株式の売却収入は資産に計上されるはずだが、ライブドアではそれを利益に計上、今では黒字に見せかける虚偽記載（粉飾決算）も疑われている。ライブドア本体での粉飾総額は九〇億円にも及ぶとされ、同社の監査をしていた港陽監査法人（横浜市）

も東京地検から事情聴取されている。

在日系、同和系、ヤクザ系のエサ場

B氏は投資会社を営む広域暴力団系の企業舎弟だが、そのB氏が明言する。

「投資事業組合の利用はライブドアにかぎらず、どこでもやっている。いつ、どこで設立して、メンバーが誰で、いくら出資したか、いくら儲けたかなんてことはメンバー以外には伏せていてOK。投資事業組合は合法的なブラックボックスです。自分の息の掛かった者だけを集めて投資事業組合にするのも自由です。投資事業組合にあらかじめ狙いの会社を押さえさせる手も広く使われている。

主体となる会社がM&Aとか株式の分割、特許など、株価を左右するような情報をいつ、どの時点で出すかも思いのまま。相手先の株価をわざと下げて、下がった後その株を拾って、拾った後、好材料を出して株価を上げてとか、株価は思い通りに操作できるってことです。

この辺りは証券取引法が未完成ってことでしょうけど、投資事業組合には在日系、ヤクザ系、同和系などの小金持ちや投資家がごろごろいる。自分でいうのもおかしな話だけど、株には得体《えたい》の知れない連中が無数にたかってるんです。もちろん暴力団のマネーロンダリング（資金洗浄）にも使われている」

いかにヤクザ系が跋扈《ばっこ》しているか、B氏自身が最近次のような経験をしたという。

「IT系の証券会社が不動産のファンドをつくった。これにカネを出したのはヤミ世界の人間ばっかりですよ。銀座の地上げなんかを手がけて面白そうなんで、先日ファンドの担当者に会いに行ったら、ぜひ参加してくれろ、お宅を歓迎すると。その気になって準備していたら、提携はお断りしたい、と。なぜなんだって聞いたら、『お宅のことをちょっと調べさせてもらいました。（バリバリのヤクザ系なんで）うちと組むのはちょっと勘弁して下さいよ』『お宅にそういうことを言われる筋はないんだけどね』と言い返しましたけど、一事が万事、こんな調子で、投資事業組合やそれがつくるファンドなんかにはスジ者がものすごく多い」

真偽は不明なものの、ライブドア系の投資事業組合にも在日系やヤクザ系の出資者が噂されている。一説にすでに投資事業組合のメンバーリストが東京地検に押さえられたのではないかともされる。

というのは、一月一八日、ライブドアの元幹部で堀江容疑者の側近である「エイチ・エス証券」副社長・野口英昭さん（三八）の死体が沖縄那覇のホテルで発見された。自殺と見られるが、東京地検特捜部は一七日にエイチ・エス証券と野口さんの自宅を家宅捜索し、パソコンや携帯電話を押収していた。

「オフショア」で資金を隠すオーナーたち

外資系M&A会社のC社長は堀江容疑者と親しく、「堀江さんもかわいそうに」とひどく同情的だが、野口さんの自殺が一連の事件の全てを語っていると断言する。

「マネーライフ社の買収に動いたのは野口さんです。今回一緒に逮捕された宮内亮治取締役（三八）と協議して、彼が投資事業組合を立ち上げてマネーライフ社を買収した。ライブドア本体に八億円を環流させたことにも野口さんは関与しているし、結婚仲介サイトと消費者金融を子会社化したときにも、同じような投資事業組合を立ち上げて、ライブドア本体に数十億円という株の売却益を環流させた。

しかし、この程度のことで自殺するのか。一つは投資事業組合の匿名リスト、その黒い人脈が自分のパソコンから流出することを苦にしたのではないか。絶対秘密を守って、明るみに出してはならない人間の名が出る。連中は絶対損させられない人間たちです。そういう人間に大打撃を与える事態は、彼にとっては恐怖そのものでしょう」

ヤクザに殺されたり、行方不明にさせられた投資コンサルタントは過去に何人かいるが、世間に彼らの名が出て、損害を与える程度で、担当者が自殺するのか。株に触るかぎり、得もあれば、損もあることはヤミ世界の住人にとっても自明のはずだろう。

が、C社長は自信ありげに続ける。

「東証一部上場会社の社長の年収は平均五〇〇〇万円、二部上場なら三〇〇〇万円といわれてます。対してアメリカでは二〇億円。いかに日本の社長が合わない商売か、ホリエモンなら十分分かっている。と、どうしたらいいのか。たとえばオフショアで自分のカネを運用する。その役割を野口さんが担っていたはずです」

オフショアとは非居住者の資金運用や資金調達を自由な取引として認める市場の意味で、シンガポールなどがこれに当たる。

「社長なら、こうしたから自社の株が上がる、あるいは下がるってことは分かるはずです。が、うっかり国内で自社株を扱ったら、インサイダー取引の最たるもので、とんでもないことになる。だからオフショアなんです。

たとえば株が下がり目のとき、誰か第三者に貸し株したら、どうなるか。当然、第三者は儲かるでしょう」

これにはじゃっかん説明が必要かもしれない。たとえばDという株の持ち手が株価一〇〇〇円のとき、一〇〇〇株を第三者Fに貸す。FはDから一〇〇〇円×一〇〇〇株で一〇〇万円相当額の株を借りたことになり、この時点で全株売れば一〇〇万円の収入になる。ところが株がその後五〇〇円に下がったとする。と、Fは五〇万円出して一〇〇〇株を買い戻す。買い戻した株をDに返す。結局、Fは株の値下がりで五〇万円儲けたことになる。

これが貸し株の仕組みである。Dにとっては値下がりするからといって、売るわけにいかない自社株である。値下がりしても値上がりしても一〇〇〇株は一〇〇〇株だから、単に寝かせておくより、第三者に貸し株して、Fが得た利益の半分ぐらいをもらった方が得という計算になる。

「貸し株して得た利益の配分がある。会社に利益をつけるのか、自分につけるのか。自分につけた利益はオフショアで貯えるのが安全です。その貯えたカネはやはりオフショアから自社株を購入するときに使える。株が値上がりすると見れば、いわゆる外国人買いとして買い、頃合いのとき手放して利益を確定して、またオフショアに貯える。この手はオーナー家の社長がたいていやっていることで、まるで珍しいことじゃない。

株の操作というのはいろいろあるもので、こういうことを野口さんがやっていたんじゃないか。罪名でいえば脱税や脱税幇助《ほうじょ》で、これが明るみに出れば、証券取引法の違反より痛いですよ。野口さんは非常に責任感が強い人だから、こういう事態が明るみに出れば自殺だってするでしょう」

怪しい会社、社長は星の数ほどいる

こうした見方の真偽は別である。大金を摑んだ事業家は財産隠匿のため、平然とオフショア市場まで使うといった一般論にすぎない。すべては東京地検の捜査がどこまで及ぶかにかかっている。

今、巷《ちまた》には堀江容疑者を中心とする人脈相関図が流れ、検察が次のターゲットとして狙うのは誰かが取り沙汰されている。最有力なのはM&Aコンサルティング代表・

村上世彰氏だが、反面、検察にそれだけの人員がいるか、危ぶむ声もある。
「ライブドアの関連会社も多い。文書での証拠物件は少ないし、同社のサーバーの一つは隠匿に成功したとも伝えられる。証券取引法に通じている検事の数も少ない。結局、ライブドアともう一社ぐらいを挙げるだけで、一罰百戒、後の有象無象《うぞうむぞう》は恐れ入れと脅すぐらいじゃないですか。ほんとをいえば怪しい会社、怪しい社長は星の数ほどいるんだけど、さすがの検察も多すぎて手が出せないと思う」(ネット証券の幹部)
IT産業はたしかに生活を便利にしてくれたが、同時にかぎりなくヴァーチャルな世界でもある。虚業であることは生まれながらの本性といってよく、額に汗したカネを注ぎ込むにはあまりに危険すぎる。ゴミ投資家としての自衛策は「触らぬ神にたたりなし」の一手かもしれない。

捜査陣も最強と認める弘道会の戦闘力

目には目を、情報には情報を

五代目渡辺芳則組長の時代まで、兵庫、大阪両府県警が山口組がらみの情報収集と情報統括の中心だった。全国都道府県警から問い合わせがあれば、両府県警が的確に山口組情報を提供するよう求められていた。兵庫県神戸市に山口組の本部があり、大阪府が山口組系組織の密集地である以上、両府県警に山口組情報のセンター機能が期待されたのは当然だった。

現在、司六代目の誕生で、両府県警が果たす役割以上に期待されているのが愛知県警の情報力である。

兵庫県警の捜査関係者が語る。

「司体制になってから、山口組情報が極度に入りにくくなった。われわれもどう情報パイプを築いていくか腐心している。というのは、山口組は情報面で締め付けを厳しくしている以上に、山口組全体が弘道会方式で情報をコントロールし始めたからだ。

弘道会方式とはどういうものか。早い話、パトカーの追尾、捜査員の尾行、警察無線の傍受、担当刑事に関する公私丸ごとの情報収集、ときには警察官の自宅を盗聴することまでやる。目には目を、情報には情報を、というやり方だ。ガサ入れの前にガサ入れ情報をキャッチし、ガサ入れを無力化する。裁判官や証人に対してだって、私生活情報を臭わせて脅す。いわばシチリアのマフィアみたいなやり口です。

こういう状態だから、弘道会の本拠である愛知県警の情報がほしい。ところがそれがはかばかしく出てこない。愛知県警にどういう事情があるか知らないけど、基本情報ぐらいは出し惜しみするなよと思います」

暴力団対策法の施行以来、警察の暴力団情報が貧弱になっているのは事実である。暴対法が暴力団を敵視する法律である以上、暴力団が組事務所に情報係の警察官を入れないばかりか、警察官と情報交換しないのは当然だろう。敵に塩を送る必要はないのだ。警察の情報難は必然ともいえるが、それにしても愛知県警はという思いが他府県警にはあるらしい。

だが、弘道会方式が山口組全体に及びつつあるからには、地元愛知で弘道会はどう動いているか、警察は弘道会をどう見ているか、知らないですますわけにいかない。
そこで、数年前まで愛知県警で暴力団対策の第一線にいた複数の元捜査関係者（退職警察官）に、弘道会とはどういう組織か、概略を語ってもらった。

組員さえ恐れる秘密機関「十仁会」

「弘道会は法廷などの公的な場ではいっさいその存在を認めてないけど、内部に『十仁会』という秘密機関を持っていると我々は見てます。かつて関係先のガサ入れで証拠となる物証を押さえたこともある。他団体には絶対あり得ないこの十仁会の存在が弘道会のすべてを物語っているんじゃないか。司忍会長の後、髙山清司若頭が会長の座に就いたのも十仁会の実権を握ったからです」

十仁会の名は部分的にだが、すでに一部のメディアで「都市伝説」的に報じられている。その性格を手っ取り早くいえば、質の高さで知られるイスラエルのモサドに似た秘密諜報・謀略機関とされる。具体的にはどういう組織なのか。各種の証言を総合すると、次のようになる。

「弘道会傘下の各組から通常一人を選抜して十仁会のメンバーにする。が、その組員がメンバーになったことを他の組員は知らない。知らされないからだ。だいたい十仁会のメンバー自身、誰がメンバーなのか、誰が指揮者なのか、十仁会の全体像を知らされていない。通常の組員は誰がメンバーなのか、おおよその見当をつけるぐらいのことしかできない。

十仁会のメンバーは自分がもともと所属する組の月総会に出席する必要がないばかりか、ふつうは組から登録が外されて組事務所に出入りしない。メンバーはヤクザがふつう行うようなシノギをしない。またその必要もない。彼には上部から月々少なくない額の手当が支給される。

メンバーは全体では数十人、最近は一〇〇人規模に増員されたともいう。メンバーになる最低条件は手の指が健常であること（断指《だんし》していない）、車の運転免許証を持っていること、検挙歴が少ないこと、盗癖がないこと、酒などの依存症がないこと、家族関係が複雑でないこと、頭がよく、腹が据わっていることなどだが、これまで検挙されたメンバーの中に大学卒は見当たらないようだともいう。学歴は特に問わないわけだろう。メンバーには任期があり、最初は一年だったが、今は三年に延期されたともいう。また志願でメンバーになる者もいる。

メンバーには銃器の扱いなど特殊な訓練が施される。中近東地域などに派遣され、その地で火器や武闘の訓練を受けることもある。メンバーの業務は、ヒットマンになる、特定の繁華街などでイラン人や中国人など外国人不良グループの動向を徹底マークする、他の広域団体の動向を探る、山口組や弘道会内部の動向を探るなど、ある程度、専門化した役割分担がある。また他団体への攻撃など、複数のメンバーを起用する必要がある場合には、その都度、その場かぎりのチームを結成する」

おおよそ以上が伝えられる十仁会の概略とメンバー像である。弘道会内部に対しても常時、情報収集につとめるなど、やることに凄味があることは察知できよう。十仁会が弘道会の組員にさえ恐れられ、話題にすること自体、タブー視する傾向があるのも頷かれよう。

他団体の応援を必要としない戦力

警察官ＯＢが話を続ける。

「日頃から情報を重視して、的確に敵を知ってますから、事が起これば即、ピンポイント攻撃できる。しかも弘道会では銃を発射した以上、人に向けて撃たなければならない。壁打ち（いわゆるカチコミ）は厳禁です。そんなものは恥でこそあれ、功績と認めない。だから、関東の一つの広域団体を弘道会一団体だけで相手取ることができます。山口組系の他団体の応援など、まるで必要としません。

　これはどういうことか。基本は歴代の組長、つまり司忍、髙山清司両組長のヤクザ（という道）に対するまじめさに発していると思う。ヤクザであるからには強くなければならない。だけど、同じヤクザ同士ならともかく、カタギには絶対迷惑を掛けてはならない、カタギの迷惑になる外国人犯罪グループに対抗できるのはヤクザぐらいだろう。であるなら、うちがその役をやってもいい、いや、やるべきだという気持ちを持ってるんです。二人にはヤクザではあっても、世のため、人のためという意識がある。このことは彼らと敵対する警察であっても認めなければならないと思います」

　退職警察官がヤクザを形容するのに「まじめ」という言葉を使う。生なかの気持ちでは出ない言葉にちがいない。両組長に一目も二目も置き、心服しきっていることが容易に察せられる。ヤクザも人、元警察官も人である以上、人が人に接して打たれることは十分あり得ることだが、この辺りが他の都道府県警から情報面で歯がゆく思われることの理由の一つかもしれない。

「髙山若頭は弘道会の会長として週に一度くらい、神戸から名古屋に戻りますけど、彼は山口組の若頭になる前、朝早くから弘道会の事務所に出て、何から何まで点検、チェックしていた。オーナー企業の社長にだってできないことですよ。

それと司忍組長の公判での姿勢。二時間でも三時間でも絶対姿勢を崩さない。あの体力と気力、自分を律する気持ちの張り、あれは真似ができないと司法関係者が舌を巻いてましたけど、要はそういうことですよ。日常の所作からしてぴしっと筋が通っている」

一般に愛知県民は権威に弱い傾向があるとされる。司、髙山両組長や弘道会も、今やトヨタと並ぶ権威といえるのかもしれない。

大きなシノギは山口組全体の利益に

「髙山若頭は生涯、司六代目の子分と自負している。自分が子分である以上、親の顔に泥を塗ることはできない。憎まれ役は全部俺がやると心得ている。彼は名古屋の髙山でいいと思っていた。だけど、司が山口組の情況を見るに見かねて、自分が六代目に就くと意見を変えると同時に、彼自身も考えを変えて、山口組の頭へと進んだんです。

司六代目が服役中はもちろん、出所した後も、髙山若頭が七代目につくなど、考えてもいないこと。六代目の補佐と憎まれ役に徹する。まだまだ先の話だけど、七代目はまるで別の人間がなるでしょうね」

退職警察官の一人はこう将来を占う。彼らの人間性を明かされた以上、それなりに説得力がある予測といえそうである。だが、物事、そうきれい事ではすまないのではないか。たとえばカネの問題がある。

「その辺りははっきりしてます。山口組もカネがかかる。であるなら、山口組の看板で稼いだカネは山口組に入れてもらう。ヤミ金の五菱会や、許永中の事件、ハンナングループの牛肉偽装事件などは山口組の中の誰かの儲けになって、山口組全体の利益にはならなかった。

司六代目体制ではそんなことは許さない。きちんと窓口を設けて、大きなシノギは一本化する。山口組を有力幹部の集金機関にはしないという意識があるし、きちんと髙山若頭がその辺りの交通整理をする。彼らには古い任侠道の美学と同時に、経営面では近代性というか、透明であることをよしとするようなそういう考えがあるんです」

山口組と、会計の透明性とは多分にミスマッチの感じだが、愛知県警のOBは大まじめに力説する。おそらく弘道会がシノギを一種の競売に掛け、競り落とした組員からどれほど利益還元をするか、その場で言質《げんち》を取り、実行させる制度からの類推だろう。山口組全体でシノギの公開入札が行われる事態を予想している。

が、最低限、これだけはいえそうである。愛知県警の退職警察官が大まじめで信じ込むほどの存在感を、司六代目体制は保持している。それは田岡三代目時代以上に強い山口組を実現するかもしれない。また山口組に近代性を持ち込むか、あるいは逆にマフィア的な後進性を持ち込むかっこうの選択肢の要になる。

山口組は今、その運営をめぐって壮大な実験の過程にある。丁と出るか半と出るか、当分の間、目が離せそうにない。

髙山若頭「極道帝王学」の凄み

親に恥をかかせるのが一番嫌い

山口組は司忍組長が服役した後も、トップの不在を感じさせることなく堂々と世帯を張っている。たとえば〇六年一月二五日、山口組本部で新年会が開かれたが、これには他団体の幹部七人も出席し、業界の中で一頭抜きん出た山口組の勢威《せいい》を感じさせた。五代目山口組時代には夢想さえできなかった外に開き、他団体も喜んで受け入れる業界盟主としての山口組の実現である。

なにしろ出席したのが五代目会津小鉄会（京都）図越利次会長、五代目共政会（広島）石井謙二会長代行、双愛会（千葉）高村明会長、二代目福博会（福岡）和田将志郎会長、六代目合田一家（山口）温井完治総長、七代目酒梅組（大阪）金山耕三朗組長、東亜会（東京）金海芳雄会長——と、九州から関東まで主要な独立団体を網羅したのだ。

考えてみれば不思議な現象である。司組長というトップが不在でも、組内はこゆるぎもしない。それればかりか、対外的にも山口組の威令が行き届き、他の独立団体を巻き込んで、ゆるやかな形の「山口組共栄圏」を築きつつある。

司忍組長の留守を預かるのは若頭と若頭補佐を中心とする執行部体制というより、ズバリ髙山清司若頭である。番頭や副官としてこれほどず抜けた力量を持つ者は、おもて社会の財界や政界でも稀だろう。

髙山若頭は司組長の後を受けた弘道会会長でもあることは周知の事実だが、今回は弘道会周りの幹部や組員、企業家などから、髙山若頭がどのような人物なのか、話を聞くことにしたい。

髙山若頭を直接知る人たちがいの一番に指摘するのは、仕える親（親分）への強い忠誠心である。地元、名古屋で古くから髙山若頭の身ごなしを見てきた経営主が言う。

「髙山さんは何が嫌いといって、親に恥をかかせるのが一番嫌いでしょう。親に恥をかかせないためには、自分が誰にどんなに嫌われてもいい。全部、自分が憎まれ役を引き受けるって覚悟でやってる。

高山さんのもともとの親分は山口組直系の弘田組の枝の組、佐々木組（後に菱心会と改称。山口組直系）の佐々木康裕組長だけど、この佐々木さんはカネにはでたらめだった。韓国のカジノに出掛けては平気で五〇億～六〇億円負けてくる。全部高山さんが佐々木さんの借金のケツを拭いたわけだけど、グチも泣き言もいわない。逆に、あれほど豪快に負けてくる親分に仕えられる俺は幸せ者だと考えていた。

もちろん佐々木さんにもいいところがあった。高山さんのいうことだけは信じたんです。だから当時、高山さんもいってましたね。『あんなでたらめな親分だけど、俺のいうことだけは聞いてくれる。若い者を破門する、しないでも、俺がいえば、そのまま通してくれる』って。結局、高山さんに私心がなく、人事で私利私欲を図ることがない。それを佐々木さんは分かっていたから、若い者を上に引き上げる、破門するって案件でも、全面的に高山さんに任せていた」

司組長には直接のシノギはさせない

高山若頭は一九四七年愛知県生まれの六〇歳。高校を中退し、二〇歳のとき佐々木組長から親子の盃を受けた。〇三年、高山若頭を主人公にするＤＶＤが出ている（髙山を演じるのは中野英雄)。『実録名古屋やくざ戦争　統一への道』四部作がそれだが、そこにも描かれている通り、六〇年代、地元連合組織「中京五社会」との対立抗争をバックに、六九年山口組直系弘田組は大日本平和会系組織との抗争に突っ込んでいく。佐々木組と、弘田組の若頭だった司忍組長が率いる司興業がその実戦部隊となるのだが、司組長はこの事件で懲役一三年、髙山若頭は懲役三年の刑に服する。

出所後、髙山若頭は佐々木組の若頭に抜擢される。七六年前記の通り佐々木組が菱心会に改称されると同時に、髙山若頭の役職も理事長に変わった。同年、髙山若頭は弘田組の直参になり、八〇年には若頭補佐に抜擢された。八四年司忍会長による弘道会が発足し、髙山若頭はその若頭補佐に任じられ、八九年に弘道会若頭へと上って、現在の司─髙山ラインの原型をつくっていく。

当時を知る弘道会の関係者が証言する。

「司組長が出所した八三年、佐々木組長は服役していた。面会に来た髙山若頭に『俺は収監されて兄弟(司組長)の放免祝いもできない。申し訳ない。お前は兄弟について補佐役をやるんだ。頼むぞ』といったというんです。弘田組では司組長の右に出る者がない。司組長の力はずば抜けていた。

以来、髙山若頭は実の親に対するのと同様、司組長に忠誠を尽くして、シノギさえ直接にはやらせんほどです。親分が一〇円でも稼いだら、一〇日でも二〇日でもパクられる理由にされる、親分をそんな危ない目に遭わせられるかってわけです」

信じ込んだら一筋、若頭としてこれほど強い体質はあるまい。

「私欲がないっていう点では髙山若頭も司組長と同じです。司組長に恥をかかせないため、組をやっていくため、カネが必要ってだけの話です。だから、下の者に賄賂《わいろ》をもらって役職を引き上げるなんてあり得ない。むしろ自分が目をつけて引き上げた人間は余計厳しく見る。

髙山若頭の理解力、洞察力、記憶力、人並み優れてます。絶対、メモなど取らない。一〇年前のこと、二〇年前のこと、正確に覚えてるから、下の者は嘘をつけない。下手に嘘をつくと、お前、あのとき、こういったやないか、あーいったやないかと徹底的に追及されるから、素直に認めるしかないんです」（同前、弘道会関係者）

髙山若頭が嘘つきを嫌うには理由がある。嘘の情報では、情勢判断を間違えるからだ。

弘道会の古参の元組員がいう。

「たとえば若い者が喧嘩して、相手をごてごてにフクロにしたといったとします。ごてごてとはどういうことか、何発殴ったのか、と追及していくうち、一発殴っただけとか、逆に相手に殴られたとか、そういうことになりかねない。

組の会議でも、敵対する勢力があったとして、誰かが敵についての情報を出したとする。髙山若頭はその情報に裏付けはあるのか、他に別の情報を持つ者はいないのか、正確に正確にと情報を集め、用心に用心を重ねて、裏付けを得るように会議を進めていく。つまり緻密に、繊細に情報集めをしてるからこそ、いざ動くときにはバーッと豪快に出られるんです。物事を自分の陣営に都合よく見ない。客観的に見て、間違いないと確信が得られれば一挙に動く。緻密と大胆が背中合わせになってるんです」

孫子の兵法に曰《いわ》く、「彼を知り己を知らば百戦危うからず。彼を知らず、己を知らざれば、戦うごとに必ず危うし」と。髙山若頭のモットーはこれに近い。

喧嘩するのでもまじめに喧嘩しろ

別の元組員が語る。

「髙山若頭が好んで口にするのは『まじめ』って言葉です。喧嘩するのでも、まじめに喧嘩しろ。ふざけ半分でするなっていうこと。上に報告するのでも、まじめに報告せよといいます。そのまじめっていうのは事実、現実に対するまじめさだと思う。嘘はもちろん、いい加減をものすごく嫌う。だから、ヤクザの道でもその人間がまじめなら、なんとかしてくれるっていう安心感がある」

ヤクザの道にまじめとはどういうことか。

「極端のことをいうなら、懲役に行かない、懲役に行くことを恐れるような組員なら、要らないってことです。たとえば、上の人間が『お前のところ、兵隊おるか』と聞いて、下の者が『おります。いつでも使って下さい』と答えたら合格です。これを『おるかおらんか、ちょっと調べてみます』と返事をしたら、その場で根性を見られる。ペケがつく。

今、使用者責任で問題がややこしくなってるけど、一事が万事、こういうことで、懲役行かんでなぜヤクザかいっていう考えがある。その代わり懲役に行った者に対しては、その家族を含めて、シャバにいる組員より大事にする。懲役に行った者がいるから、俺たちがうまい飯を食えるんだという考えが徹底してるんです」(元弘道会組

員）

逆に高山若頭が破門、絶縁した組員に対しては徹頭徹尾冷たいという。

「破門になったいうんは組織を裏切ったからだ。そんな者になぜうまい飯を食わせる必要がある？　わずか一〇円の飯でも食わさんと考えている。山口組でも他の組なら、破門されても、いつか解けるってことがある。だから若い者は破門を格別怖がっちゃいない。しかし弘道会はちがう。破門されたからには徹底的にやられる。まして警察とつるんだことで破門された日には、命の保証さえない。組のため懲役に行った者とは天と地の差がある」（同前）

高山若頭に近い商店主がこの発言に補足を加える。

「懲役といっても、今は人一人を殺して二〇年、三〇年、無期っていう時代です。出所できるときには自分が年とってるし、迎え入れてくれる組が存続しているかどうかも怪しい。だから今はヤクザも戦争の時代じゃない。敵をやるならアングラでやるしかなく、それは要するにヤクザがマフィアになるってことですよ。

高山若頭はこういうことを十分に承知している。だから、新年会に他団体の親分も呼んで、共存共栄を心掛ける。あの人は将来のことを見据えて、今動いてるんです」

座布団の価値は下げられない

もちろん山口組の基本方針は司組長が服役する前、髙山若頭と相談の上、決めたのだろう。

他の山口組直系組幹部がうなずく。

「それはその通りでしょう。髙山若頭の意識にあるのはつねに司組長のことで、あの人がきのうまでの伯父貴に向かっても、堂々対等に物をいうのは、俺が座る座布団はおやじが決めた座布団だ。とすれば、座布団の価値を下げるようなことを、俺がしていいわけがないって考えてるんじゃないか。

髙山若頭は座る座布団が一〇枚なんてことで、単純に喜ぶ人でも、ふんぞり返る人でもない。自分のおやじの名を辱《はずかし》めない。俺にはその責任があるってことで、だからこそ、月曜から金曜まで朝九時半から一〇時までには山口組本部に入って、五時までおるって生活を続けてると思う。

山口組の若頭といったら、ヤクザ界のスターですよ。だけどあの人に限っては自分の楽しみのため外に飲みに行く、女目当てに飲むってことがない。きわめて禁欲的です。土日に名古屋に帰って、弘道会本部の一五メートルプールで泳いだり、水中ウォーキングしたりが息抜きみたいですからね」

山口組は一〇〇年に一度、二〇〇年に一度という傑出した若頭を迎えたのかもしれない。飽食になれた他の広域団体首脳部などは首筋に薄ら寒さを感じて当然だろう。

戦わずして人の兵を屈するは善の善なるものなり――孫子。

「六本木利権」一〇〇〇億円の経済戦争

フィクサーが語るTSKCCビルの実態

土地は東京でもごく限られた地域でバブル期並みに値上がりしている。そうした中、東京には四大地上げ利権があるという。港区青山三丁目の一五〇〇坪、三鷹駅北口の六〇〇〇坪、聖蹟桜《せいせきさくら》ヶ丘《おか》駅裏の五二〇〇坪、それに港区六本木のTSKCCの土地一二〇〇坪が四大地上げ利権というのだが、いずれも関係者間に紛争を抱え、再開発まではまだまだ予断を許さない難しさがあるようだ。

中でも最難関の土地は六本木の一二〇〇坪だろう。なにしろここには旧東声会・町井久之会長の牙城《がじょう》だったTSKCCビルが建っている。全部で五棟の建物が入り組んで建ち、最高階でも五階建てぐらいだが、内部は建て増しや改築、模様替えなどの連続で、しかも棟と棟とが不規則につながって、迷路のように複雑怪奇である。土地は何筆かに分かれ、おまけに何筆かの土地にまたがって建物が建っているから、正確には測量できず、境界も定かでないとか。

権利関係も入り組んでいるのだが、〇六年三月一三日から東京地裁で内六〇〇坪について競売が開始された。この競売には、町井会長の会社だった東亜相互企業株式会社が東京地裁に異議申し立てをしたが、「メデシン中村」という資本金三〇〇万円の会社が二五二億円余で落札、所有権者を「有限会社アーバン開発」に変えた。

問題の土地は六本木の交差点にも、六本木ヒルズにも近い一等地で、〇二年ころには坪一二〇〇万円程度だった。だが、二〇〇六年の相場は坪四〇〇〇万円。一二〇〇坪全体では五〇〇億円に近い。近々坪五〇〇〇万円に値上がりすることは間違いないだろうといわれている。しかも表の六本木通りに面するみずほ銀行支店なども併せて地上げすれば容積率が大幅アップし、総額一〇〇〇億円以上になろうかという巨額利権である。

町井氏の死後、東亜相互企業の元従業員などで東亜ビル管理組合が結成され、五棟の建物は管理組合が管理している。管理組合の最高顧問にはやくざ世界にも顔がきくフィクサー、朝堂院大覚氏を据えている。ビルには一時、稲川会、住吉会、山口組系の倒産整理屋などが介入していたから、なまじの人間では押さえがきかず、交通整理できない。

朝堂院大覚氏が東亜ビルのそもそものいきさつから説明する。

「東声会の町井さんが日韓条約締結の立役者だった。条約締結に伴い、日本政府から韓国政府に賠償金が支払われた。韓国に地下鉄もつくった。このとき町井さんの他、大野伴睦、児玉誉士夫などが戦後賠償に力添えし、後に韓国政府から彼らにバックリベートが支払われた。朴正熙大統領が警護室長経由で韓国外換銀行に町井さん宛のカネを出せともいった。

これは融資の形だったけど、最初は無担保だったから、町井さんは融資されたというより、むしろ韓国政府からお礼をもらったと受け取ったはずだ。当時、日本の首都が福島に移るという論議があり、町井さんは先回り買いの意味もあって、福島県白河で大規模開発を手掛けていた。それでカネがいくらあっても足りず、韓国外換銀行だけでは間に合わなくなって、外換銀行の保証で日本不動産銀行が一部融資を肩代わりしたりした。

韓国外換銀行がＴＳＫＣＣを抵当にとるのはこの時点で、それも一二〇〇坪全体ではなく、敷地の一番奥、今駐車場になっている辺り三〇〇坪だけを対象にした。しかも上に建つ建物は抵当に取らず、土地だけ。元金一三〇億円に対する抵当だったけど、後に利子も含め、五〇〇億～六〇〇億円に対する抵当になった。土地三〇〇坪だけに五〇〇億～六〇〇億円は、時価が値上がりした今だって貸せません。形だけの担保だったんです。

その後朴が失脚し、全斗煥、盧泰愚の時代になってもいっさい町井さんに対して取り立てはなく、ようやく金泳三、金大中の時代になって韓国の国会で問題化、回収が図られるようになったいきさつがある」

東声会が残した巨額遺産の行方

ＴＳＫＣＣの土地には日韓政治家の後ろ暗い取引を背景にした不透明さと不合理がある。そのために町井氏の死後も土地は地上げされず、建物も取り壊されなかった。

韓国外換銀行はその後米ローンスター銀行に吸収合併されるが、その直前、外換銀行の一部幹部が名目上、不良債務となっているこの土地（極度額二〇〇億円の根抵当権がついている）を損切りし、三六億円でセンチュリー債権回収機構に売った。東亜相互企業全体に対する債権はこの時点で五〇〇億～六〇〇億円になっていたから、ほとんど九五パーセント引きの大安売りである。

センチュリーは手付け四億円を打ったが、残金三二億円を払えず、結局手付け流れになってしまう。二〇〇四年一〇月、韓国外換銀行はこの債権をアイ・エス・オー債権回収株式会社に三六億円で売り、同日、アイ・エス・オーは有限会社辰能（シンノウ）に売った。

が、この辰能がくせ者で、資本金はわずか三〇〇万円、会社事務所は千葉県浦安市の無人のアパート四畳半の一室で、電話登録もしていない。典型的なペーパーカンパニーなのだ。しかも辰能は〇五年、この土地を根質入れしてケイマン諸島の会社シー・ジー・シーインベストメンツインクから二三〇億円を資金調達すべく設定登記している。ケイマン諸島はタックスヘイブンとして知られている。

「この背景には韓国外換銀行の役員やOB、取引先などが暗躍して、銀行主導の飛ばし、または海外を利用した不正資金のロンダリングなど、外国為替取引法の違反などもあるはずです」（朝堂院氏）

土地を食い物にしようとしているのは日本のやくざや仕事師ばかりでなく、韓国金融機関の旧幹部もなのだ。タックスヘイブンを利用するなど、六本木の土地を舞台にやろうとしていることは国際的な規模と広がりを持つ。

前記した通り、全体は一二〇〇坪。そのうちの三〇〇坪で、しかも建物はそのままなら、地上げしても、その後の整理に手が掛かって、まずカネをどぶに捨てるのと同じである。素人が競売で落札する意味がないのだ。

「結局、競売に応札するのはプロだけです。本来、未確定部分が多すぎ、競売に掛けられるような物件ではない。いったん落札して、あとは売り抜いてさやを取るか、ちからずくで全体をまとめる自信がなければ、落札する意味がない。つまり競売はプロのための競売であって、裁判所がやるべきことじゃなかった」（ビル管理組合の幹部）

今後、この土地がどう動くかは興味深いが、一歩退いて考えれば、元々東声会というやくざの持ち物だった土地に日韓のヤクザや仕事師がからんでくる割には、静かに紳士的にコトは進んでいるものである。少し前なら銃弾が飛び交い、何人も死傷者が出るような物件のはずである。

深く静かに戦うマネー・ウォーズ

山口組系の中堅幹部が言う。

「我々が若い時分は、人ひとり殺せば、男になれる、出所後、親分になれると思ったものです。今ヤクザが人を殺せば無期、懲役三〇年打たれるケースも出てきた。刑期をつとめ上げ、六〇～七〇のじじいになってシャバに出ても、そのとき人生は終わってますわ。

だから今の時代は人を殺しても割に合わない。喧嘩に勝ってもカネは湧いて来ない。力があれば、カネがついてくる時代じゃないんです。カネはカネで稼がなければならない。かといって覚醒剤だってヘタすれば懲役一〇年、バクチだって、これまで二年ですんだところ四年はくらい込む。とうてい割に合わないシノギになった。

頭が悪く、稼げないヤクザは生き残れないってことです」

つまり今ヤクザはシノギで揉めても、抗争でシロクロをつける時代ではないというのだ。

東声会は今、東亜会と名を変えて、山口組から後見を受ける団体として、山口組の新年会に顔を出す関係にある。東亜会は元をただせば、TSKCCビルに一番縁が深いヤクザ集団であることは確かだし、山口組の後ろ盾さえ期待できる。

しかし、その東亜会さえ六本木の土地問題には関係せずと決めているという。火中の栗は拾わないという決意表明にちがいない。

〇五年、山口組は國粋会を傘下に加えて、いよいよ関東勢と激突かと観測する向きがあった。しかし今のところ揉め事は起こっていないようだし、六本木の土地をめぐっても山口組の介入が特に報告されることはない。だが、だからといって無風状態かというと、水面下では熾烈な経済戦争が繰り広げられている。同じ山口組内でも経済的な競り合いが始まっているというのだ。

「たとえばフィリピンの公認カジノをライブでネットに流し、客に賭けさせるネットカジノ店が今全国で二〇〇～三〇〇軒展開している。これは勝ち負けの清算がその場でできるという点で、実質アングラカジノと一緒なんだけど、これまでは摘発例がなく、半公然と行われていた。

実はカジノ側に納めるカネは従来店の扱い額の二分の一で、この営業権は山口組のある直系組の独占だった。ところが同じ営業を別の山口組の有力組も始め、こっちの方はカジノ側に納めるカネが三分の一ですむ。ネットカジノの経営者としては当然三分の一ですむ方が儲かる。

二分の一の方は五代目時代の有力組、三分の一の方は六代目司組長の代になってからの有力組で、今や新興の三分の一の方にネットカジノ店の経営者は移行しつつある。新旧の対立は当然のことながら、新の方が優勢なんです。

だけど、だからといって、新旧の両勢力がこれを理由としてドンパチやることはない。安くいいサービスを提供できる方が勝つという経済戦争を静かに戦うのみなんです」（都内のネットカジノ店経営者）

力だけでは通らない体制の変化

こういう話を聞くと、ヤクザと企業経営者とやってることに差がない感じがある。組員はサラリーマン化、組長や企業舎弟は経営者化というのではヤクザとしての旨みも面白味もないだろう。が、他方、旧態依然たる体質を残す組もあるというのだ。

山口組系の某有力組幹部が語る。

「うちの組では相変わらず、問題が起こったとき、イケイケ派の意見の方が通りやすい。慎重論は言いにくい雰囲気があるんです。

『なんならやっちゃいますか。わし、行きますで』

なんて意見が上の人間を喜ばせ、通りやすい。

おまけに上の人間は『刑務所グループ』を形成している。抗争に参戦して長期刑を打たれると、たいてい行く刑務所は決まってくるんですが、その刑務所に行った者だけが幹部になり、他の者を入れようとしない。刑務所に行ってない者なんか信用できるかって感じです。

今まではこれでよかったんだけど、最近はそうはいかない。たとえば山口組系のある組で破門になった者を、うちの組が企業舎弟として抱えるなら問題ないだろうと企業舎弟にした。と、結構使える人間と分かった。本人も組に籍を置くことを希望している。

で、無断で組員にするのもまずかろうというので、元の破門にした組に話をつけに行った。と、相手は断固拒否です。その組員を企業舎弟として拾った者は指を落として、ご免なさい、これで勘弁して下さい、組員として拾うことを許可して下さいと頭を下げた。と、それでも許してくれない。お宅があくまでも拾うというなら、ブロック会議の議題に乗せますよ。

こう言われたら引き下がるしかない。他組での処分者は拾ってはならないというのが基本だから、出るところに出たら負けるに決まっている。結局、うちは指を落とすわ、組員は拾えないわで、損だけした。山口組内でも力が通らない時代なんです」

こうしたヤクザの環境変化を背景に、六本木の地上げ利権は静かに落としどころに落ちるはずである。

英国社会学者が伝える髙山清司若頭の肉声

「社会病理集団」研究者の関心事

英オックスフォード大学で社会学の講師をつとめるピーター・ヒル博士はヤクザやマフィアなど「社会病理集団」の研究者である。彼はイギリスの大学を卒業後、何回も日本に長期滞在し、日本語を話せることはもちろん、読み書きもできる。〇三年九月にはオックスフォード大学出版会から日本ヤクザをテーマに据えた『ザ・ジャパニーズ・マフィア』という研究書さえ出版している（日本では『ジャパニーズ・マフィア』〈三交社〉として〇七年四月翻訳刊行）。

ヒル氏は一〇年以上前、東北の街で大物ヤクザに出会って以来、日本ヤクザに関心を払い続けてきた。犯罪率が低いといわれる日本に八万人以上のヤクザが存在し、公然とシノギをしている。彼らがたいして咎を受けずにいるのはなぜなのか。こうした疑問に答を見つけ出そうと、英・スターリング大学、オックスフォード大学大学院で研究し、東京大学にも籍を置いて、大阪・釜《かま》ヶ崎《さき》や新宿・歌舞伎町などで実地調査に当たってきた。

もちろんヒル氏は山口組系の幹部たちにも直接、面接インタビューしている。その中に弘道会の若頭だった時代の髙山清司氏（現・弘道会会長、山口組若頭）が含まれている。これまで髙山若頭は日本人の研究者やジャーナリストからのインタビュー依頼にはいっさい答えていない。ヒル氏のインタビューは髙山若頭の肉声を伝えるだけでも、きわめて貴重である。インタビューは〇三年一二月、通訳をまじえず一対一で、日本語で行われている。

以下、ヒル博士の許可を得て、インタビューの一部をご紹介しよう。髙山若頭は重々しく男らしい声音で、はっきり丁寧に博士の質問に答えている。

不良外国人との交際禁止通達

現在の六代目山口組は傘下の全組に不良外国人と交際するなと、関わり合いを禁じている。が、弘道会では一九九〇年代に早くも不良外国人との交際を禁じていたらしい。ヒル博士は自分が外国人でもあるせいか、まず外国人との交際禁止についてただしている。

ヒル「二〜三年前、山口組の定例会で最高幹部が外国人とつき合うなと、指令を出したようですね。そういう通達が出ている」

高山「たしかに通達はありますね」

ヒル「それは前にある程度、不良外国人と関係があって、懲りたから山口組は禁じたのでしょうか」

高山「それは直接の関係というより、中国人の集団密航が盛んになり、逮捕された者がたくさん出たから、通達が出たんだと思いますよ。ヤクザの利害云々というだけの考えでなしに、彼らとつき合うのは国のためにならないという考えじゃないですか。不良外国人の犯罪といえば麻薬、覚醒剤、密航とか、本来あってはならない事件に関係する連中が多い。日本に広がってはならない犯罪だし、我々は彼らを助けてはならない。そういう趣旨で通達が出たと思います」

ヒル「外国人の他の仕事、売春とかはどう考えます」

高山「売春というのは外国人の場合、台湾クラブ、韓国クラブ、中国クラブ、いろいろあって、そこで売春する者もおるだろうけど、それは個人個人の問題であってね。

総本部が通達するのは個人個人のお金儲けとは関係ない。任侠の精神から通達されたんじゃないですか。世のため、人のためにならないことはやらないってことですよ」
ヒル「私は現在、歌舞伎町の研究をやってます。ご存じの通り歌舞伎町には非常に中国人や韓国人が多く集まってます。名古屋には外国人は結構多いですか」
高山「結構いますね」
ヒル「歌舞伎町にはしっかりした縄張り制度がないせいか、いろんな組が入りやすいと思います。中でも山口組が圧倒的に強いですね。しかし外国人マフィアもそうとう入り込んでいる」
高山「それは地元の組織のやり方じゃないですか。東京の歌舞伎町を例にとれば、外国人に入られてからでは数が多すぎて排除できないでしょう。名古屋の場合は排除してます。やっぱり自分の縄張りで迷惑であれば、いてもらいたくない。そういう流れがありますから、名古屋の場合、不良外国人は歌舞伎町に比べて少ないですね」
ヒル「不良外国人が関西や中京でやっている悪いことは泥棒や強盗、麻薬ですか。歌舞伎町では公然と売春のクラブや店舗も出してます」
高山「名古屋にはないですね、そういうことは」

ヒル「歌舞伎町の中国人がそういう仕事をやっていれば、だいたい地元のヤクザ団体と関係が生まれる。現実に外国人を保護している（ケツ持ちの意味）ヤクザ団体もあるようです」

髙山「うちの場合は特に本部の指示通りに動きますから。一切外国人とのつき合いはしてません」

以上は小手調べ的な質疑応答かもしれない。話はしだいにヤクザの存在意義といった部分に入っていく。

一般人にとっての「暗黙の防波堤」

ヒル「私が見るところ、日本のヤクザが結局なんの仕事をしてるかといえば、警察が管理できないところをヤクザが面倒見てる。そういうことが多いんじゃないですか」

髙山「基本的にヤクザには江戸時代から続いた伝統がある。外国ではちょっと考えられないような地域密着というか、一般市民の生活に根ざしている。ヤクザはこの辺りが外国のギャングと違う。我々の仕事はなんだといえば、地域の人々の生活に対する関わり合いですよ。もっとも日本の警察は我々が合法的な仕事をしたって、妨害してやらせないのが仕事なんですけどね」

ヒル博士は別の論文で次のようなことを記している。

〈なぜ日本にはヤクザという独特な組織が存在するのか。おそらく日本の各種システムは、ヤクザが提供するサービスに対する需要を生み出す環境を持っているからだ。日本の暴力団の起源は戦後の混乱期にある。国家が経済活動の効果的な規制、財産権の保護、契約の履行などを人々に強制できなくなった状態では、私的な保護（守りとか用心棒）という需要が出てくる。暴力行使の訓練を経験した若い復員兵が国家的保護の機能しない隙間に入り込んだ。もちろん日本には博徒やテキ屋集団の長い歴史があるが、日本の戦後の状況が今日のヤクザ組織というシステムを生み出した〉

ヒル「そうですね、最近、警察はテキ屋がお祭りの会場で物を売ることも禁じてます」

高山「愛知県（警察）の場合、テキ屋と我々の世界（博徒組織）は別になってます。露店商は商売人だと愛知県は認めてますね。ただ（テキ屋や街商が）我々の組に入ってると商売はさせません」

ヒル「民事問題の解決で裁判しようとしても、日本の法律は非常に遅いですね。時間が掛かる。ヤクザに解決を頼んだ方が早いという面もあるんじゃないでしょうか」

髙山「基本的にそれはちょっと違うと思います。我々が民事問題の解決を一般市民から頼まれたとする。警察にもしそのことが分かれば、今は頼まれた我々が捕まりますわね。頼んだ市民の方も罰金を払わなければならない。だから民事問題の解決を我々がするからってことで、我々は存在してるわけじゃない。どういったらいいのか、日本人には我々の生活に憧れている面がある。もちろん悪いことをしないヤクザとか、あの親分はいい人だとか、そういう評判が立てば、自然に英雄にしてくれる土壌があるんですね、日本には。仕事を頼まれてお金を頂くんじゃないんですわ。まず社会的な土壌があって、ヤクザの親分にお金を出す。

暗黙の防波堤、この意味分かりますか。我々ヤクザとふだんつき合いがあるということがその人にとって暗黙の防御になる。こっちの意味の方が現実には強いんです。一般の人には我々に仕事を頼む気持ちはないですよ。頼まれて、わしらが捕まることはいいんだけど、頼んだ人が捕まることが多いんですから。若い衆に対しては別ですよ、我々に頼むことはないですね」

日本ヤクザが示した歴史的ダイナミズム

ヒル博士は前に引いた論文の中で、こうも述べている。
〈日本にヤクザを存続させている一つの要因は法律システムである。弁護士など法律専門職の数が少ない。その結果、日本の民事訴訟は英国より費用が高く、時間が掛かるものになっている。過去半世紀にわたって、日本では英国よりそうとう低い率でしか訴訟が起こされていない。
これにより民事的な争いを解決するために別の非公式なシステムが生まれた。多くの場合、紛争の解決は地域社会の尊敬される人物の仲介でなされるが、ヤクザによって解決される場合もあり、これがヤクザにとって収入源の一つとなった。たとえば借金の取り立て、地上げ、交通事故の示談交渉などだが、警察はこれらを「民事介入暴力」と呼ぶ。ヤクザは法律に触れることなく、こうした活動を行ってきたが、九二年に暴力団対策法ができ、警察が介入するようになった〉
ヒル「民事問題の解決でお金をもらうんじゃないというのは警察がうるさくなってきたからですか」

高山「そういうこともあります。ただわしの考えでは、日本人の土壌というのはただ我々が怖いだけじゃない。だいたい怖いだけなら、我々とつき合わないし、警察は（我々を）挙げたいと思ってるんだから、我々は生きていけない。一般の人はヤクザが怖いだけじゃない。もっと関係が濃いんですね」

ヒル氏はまた論文の中で、こうも述べている。

〈ヤクザを存続させるのは日本の特殊な市場環境だけではない。過去半世紀にわたって、ヤクザはそうとうのダイナミズムを示してきた。一つの収入の道を断たれると、ヤクザたちはすばやく新しい道に踏み出してきた。

日本の抜け穴や法律システムの一部は、現在変化を遂げつつある。法体制は開かれたものになりつつあり、訴訟件数は増えつつある。特にヤクザの親分に対する「使用者責任」を問う訴訟は強力な武器である。ビジネス活動の透明性を奨励する新しい法律は、正当な経済活動に対するヤクザの役割を減らす可能性を持っている。

しかし、ここで注意しておくべきは、今のところ現実にはなんの効果も出てきていない点である。歴史的にヤクザは非常にダイナミックで適応力があることを実証してきた。したがって人々は私と同じように「なぜヤクザは存在するのか」という疑問を

何年先になっても持ち続けるかもしれない〉
　高山若頭もこうした結論に対してはおそらく異議がないと見られる。ここに紹介したインタビューではそこまで話が及んでいないのだが、とりあえずヒル博士の引用文を結論としておこう。

兵庫県警幹部の「山口組はこう崩す」

捜査方針変更でマフィア化に対応

「山口組は六代目になってから不気味な沈黙を続けている」

と語るのは、山口組捜査の第一線に立つ兵庫県警暴対課の刑事だが、この言葉に偽りはなかろう。

たしかに司忍組長が〇五年一二月五日に大阪府警に出頭、収監されて以来、山口組はいわば重しを失って安定を欠くと見られたのだが、対外的にも、内部的にもグスンともいわせていない。留守を預かる髙山清司若頭の威令《いれい》がよほど行き渡っているのか、派閥づくりや反抗、分派の結成、あるいは他団体との抗争といったきな臭い話は皆無である。

山口組のお膝元を預かる兵庫県警としては、無事平穏を喜んでばかりいられないはずだ。

「少しは動きを見せてくれないことには、うちとしたら手が出せない。おまけに今のところ組の中枢に情報パイプも通しにくい。他の都道府県警は山口組情報というと、うちに照会してくる。それに答えたくても、山口組にこれといった動きがないのか、単に情報を取れないだけなのか、とにかくはかばかしく対応できない。うちも何か思い切った方策を考えなければならない時期かもしれない」(暴対課の幹部)

山口組が五代目から六代目に切り替わったのに合わせ、兵庫県警も捜査方針の切り替えを模索中らしい。現在、兵庫県警は山口組をどう見、どう対処しようとしているのか。県警暴対課の現役、OBたちに本音を聞いてみた。

まず県警のベテラン幹部は現在の六代目山口組をどう見ているのか。

「結局、五代目組長・渡辺芳則のやり方はもう時代に受け入れられず、通用しなくなった。あえて言えば、五代目山口組は最後の任侠ヤクザの時代だ。警察ともある程度話が通じた。九二年に暴対法が施行され、山口組は潜行し始める。六代目山口組はマフィアへと脱皮する時代で、そうでもしないと組も生き残れないのだろう。

組長・司忍が出た弘道会は警察に一定の距離を取り、山口組の中でも特殊な存在だ。秘密組織みたいなもの(一時期の「十仁会」を指すとみられる)さえ内部に持っている。今後は弘道会のやり方というか、態度というか、それが山口組全体の色になっていくはず。うちの危機感もそうとうなものですよ」（兵庫県警幹部）

以前、ヤクザがらみの事件が起これば、警察は組の上部に話をつけに行った。と、山口組でもお上の顔を立て、組員を最寄りの警察署に出頭させたりした。今は組員の自首が影をひそめ、たとえ組員を逮捕しても犯行を自供しようとせず、調書をとらせない。そればかりか、自分がどこの組に所属する組員であるかさえ明かさず、否認する、というのだ。

今までのなあなあ主義では通用しそうにない。では、兵庫県警はこれから山口組にどう対処しようというのか。

おとり捜査や司法取引も必要

「刑事警察のやり方から警備警察のやり方へ行くのも手だろう。公安みたいにピンポイントで狙いを定め、内偵でしっかり情報を掴んで、ある日、ばしっと挙げる。今までのようにヤクザまがいの服装をしたデカが組員相手に情報を取るぐらいじゃ、やっていけない。

そのために捜査手法の改革も考えなければいけない。おとり捜査や司法取引も必要になるだろう。組員になりきって潜行調査することも有効かもしれない。ただ通信傍受法は規制ばかり強くって、何の役にも立たない。現場じゃ、あんな中途半端なものなら、ない方がよかった、逆に警察の首を絞めたと言ってます。法ができたって、現実に盗聴できないんじゃどうしようもない」（同前）

もちろんおとり捜査や司法取引、潜入捜査などはすべてアメリカ直輸入の形式ではなく、日本風に微調整したそれを県警幹部は想定している。

「同時に暴対課の人間も経理や証券取引、ＩＴやインターネットなんかのスキルが必要になる。今までは斬った、張ったが得意だったけど、これからはビジネスマン風の服装や知識が欠かせない。そういう形で、彼らと接触する」（同前）

警察庁が主導する形で、全国の暴力団担当課の首脳や実務担当者は定期的に集まり、情報の共有化や対策で会合を持っているという。

「会議ではそりゃ山口組の弱体化を目指し、奇抜なアイデアも出てます。武力で制圧せよとか、法でがんじがらめにしろとか、詳しく言うわけにはいかないけど。今は山口組壊滅ってことは警察庁も言わない。壊滅の前に弱体化があるだろうというので、

山口組を弱体化するにはどうするって方向で話が進んでいる」(同前)

髙山若頭は常時マークしている

では、一線の捜査員は山口組幹部の勢力地図をどう見ているのか。

「常時マークしてるのは当然ながら、若頭の髙山だ。若いときから頭がいいのか、ずるがしこいのか、奴は簡単に尻尾を摑ませない。平日、神戸の本部に詰めてることはたしかだけど、うちは未だに尾行に成功してないんじゃないか。うちの車じゃすぐ気づかれて、まかれてしまう。少なくともわしは髙山の神戸のヤサがどこか知らない。神戸にあるってのはたしかなようだけど」(暴対課の刑事)

三月一五日に大阪府警は二八〇人体制で山口組総本部に家宅捜索を掛けた。このとき髙山若頭は本部内に詰めていたが、門前で捜査員と当番の組員がもめている間に、いち早く姿をくらまし、最後まで捜査員と顔を合わせることはなかったとされる。

「髙山は山口組の若頭に就任するとき、地元の愛知県警と兵庫県警には挨拶に行ったみたいだ。だけど大阪府警には行かなかった。司組長のボディガードから拳銃が出ただけで、大阪府警は司組長を拳銃不法所持の共同共謀正犯でパクった。髙山以下弘道

会の連中はこの事件でよけい大阪府警を嫌い抜いているらしい」（同前）

先の捜査員が続ける。

「執行部にしても、髙山に対しては顔色を窺ってる様子だ。われわれが執行部の人間に接触しても、その情報だけは勘弁して下さいよと顔色を変える。誰でも知っていて当然のことを聞いても、髙山に抜けると思ってか、ビビリまくる。

若頭補佐クラスで根性ありそうなのは寺岡修（俠友会、兵庫・洲本）ぐらいだろう。他の補佐クラスはどうってことない。髙山は以前、弘道会で不都合な働きをした幹部に対し、粛清の嵐を吹かせた。絶縁、破門したが最後、絶対、許さないし、救わない。直系組長たちはそれを知ってるから、髙山が怖いんじゃないか。総本部長の入江禎（二代目宅見組、大阪・中央）にしろ、若頭補佐の一角に残った瀧澤孝（芳菱会、静岡）にしろ、髙山には一歩も二歩も引いている。髙山に対抗しようなんて考えはハナからないみたいだ」

髙山若頭が強いのは司組長の指示の下、きっちり采配を振るっているからだろうか。いわば虎の威を借る狐として強いのか。それとも髙山若頭自身が直系組長たちばかりか、執行部に対してグーの音も上げさせないほどの実力を持っているのか。

「髙山が司のオーラを背負ってるのはたしかだけど、ただ彼は司に面会できてないんじゃないか。刑務所は親族以外に面会を許してない。髙山が司の家に養子縁組すれば別だろうけど、今のところ弁護士だけが司に会えて、その弁護士経由で髙山に連絡があるってことだと思う。それを髙山は忠実に実行してるわけだ。ただし髙山はぼんくらじゃない。五代目時代はのほほんと優雅にやれただろうけど、今じゃそれでは通用しない。容赦なく切り捨てられる。髙山にはそうしたことをやり抜く度胸も頭もあるってわけだろう」（県警幹部）

暴対法が無力化する可能性

とすると、六代目山口組に対しては暴力団対策法が早晩無力になるのではないか。なぜなら暴対法がその団体を暴力団と指定する三要件の一つに「その暴力団の幹部、または所属全暴力団員のうち、麻薬犯罪や傷害罪など、暴力団特有の犯罪の前科を有する者が一定の割合以上いること」という定めがあるからだ。

前記したように組員が組員であることさえ認めない、組が他団体に撒《ま》く回状やチラシに組幹部や組員の名をずらっと並べない、組事務所に組員の名札を掲示しない――

などが一般化している今、警察が「ある組の組員が誰で、その組員の犯罪歴は」と調べるのが年々困難になることは自明だろう。これまでは三年ごとに暴対法指定の暴力団として指定換えをくり返してきたが、いつか指定できない日が来るかもしれない。

だが、県警幹部はまだ大丈夫と太鼓判を押す。

「会社の代表や役員、社員に暴力団のメンバーが入ってはならないと定める法律はいくつもあります。債権回収のサービサー法、貸金業法、産廃処理法、NPO法、無数にある。担当官庁などはそういうとき、ある者が暴力団員かどうか、警察に問い合わせてくる。その者を暴力団員と認めれば、その者は社会的、経済的に不利益をこうむる。間違って認定すれば裁判になることだってあり得る。うちとしては真剣に認定することになるけど、まだ対応できる。というのは、組がある者を破門処分にした、その回状が出ている、しかしその処分が偽装かどうか分からない、というとき、その者の行動を調べる。組に出入りしているような形跡もある。となれば、どうするか。構成員の他、準構成員という概念がある。準構成員に入れる手があるし、ある組に所属するメンバーの犯罪歴も『一定の割合以上』ということで、要するに率の問題だから、組全メンバーの全容が分からなくても対応できる。

だから暴対法は後一〇年、二〇年ぐらいはもちます」

とはいえ、山口組の現状は、暴対法は今後も有効かと問わねばならないほど、急変している。今後、山口組は地下に潜行、完全にアングラ化するのか。

兵庫県警は早くもその危険性を視野に入れているわけだが、他方、ヤクザは人に知られてナンボという知名性（「男を売る」など）を宿命とする。まして司忍組長には「歴史に名を残す」といった強い自負心があるようだ。必ずしも江戸時代に始まるヤクザの伝統も否定していない。ヤクザからマフィアへの変身は一直線には進みそうもない――がとりあえずの結論になろうか。

第三章　盃外交と山口組帝国

「山口組による平和」を目指す

新年会に友好七団体が出席

〇五年一二月五日、司忍組長は大阪拘置所に収監され、年が改まった〇六年二月六日、東京・府中刑務所に移送されて本格的な服役生活に入った。司組長の服役後、山口組運営の全権を任されたのは髙山清司若頭である。司—髙山ラインが山口組をどのようにしたいのか、〇六年一月末にはおおよそ方向が明らかになった。

一月二五日、神戸市灘区の本家で山口組の新年会が開かれた。この日は司組長の六四回目の誕生日だそうだが、新年会には山口組の直系組長たちの他、友好団体の首脳も出席した。

即ち、五代目会津小鉄会（京都）図越利次会長、二代目福博会（福岡）和田将志郎会長、五代目共政会（広島）石井謙二会長代行（守屋輯会長が拘留中のため代理出席)、双愛会(千葉)高村明会長、東亜会(東京)金海芳雄会長、六代目合田一家(山口、下関)温井完治総長、七代目酒梅組(大阪)金山耕三朗組長——の七団体、七首脳である。

このうち図越会長は司組長の代紋違いの舎弟である。福博会と共政会、双愛会、東亜会の四団体は司組長が後見している。合田一家と酒梅組の二団体は髙山若頭が後見し、いずれも山口組を主星とする衛星のような位置づけにある。山口組はただ一つ屹《きっ》立《りつ》する帝国として他の団体と友好関係を結び、いわば「山口組による平和」を実現する狙いを明確にした。

現在、暴力団対策法による指定団体は二一あるが、早くも〇六年の初め、山口組はその三分の一、七団体を影響下に置き、将来にわたって永続的な関係を続けていくことを組の内外に明らかにした。

新年会以降も山口組の「盃外交」、つまりは他団体との友好・同盟関係は進んだ。〇六年一一月には三代目浅野組(岡山県)串田芳明組長が司組長の代紋違いの舎弟になった。串田組長は会津小鉄会・図越利次会長と同じ立場である。

確立した弘道会の優位性

ほぼ時期を同じくして髙山若頭が率いる二代目弘道会の竹内照明若頭が稲川会理事長・清田次郎総長（現、稲川会会長）が率いる二代目山川一家・内堀和也若頭（同、稲川会理事長）と五分と五分の兄弟盃を飲み交わした。この盃は司―髙山ラインの次の世代が弘道会若頭の竹内照明組長であることを宣言したのと同じだった。山口組は当分の間、弘道会人脈で独占していくとの声明に等しい。五代目組長・渡辺芳則の時代には「山健組に非ざれば山口組に非ず」と言われるほど山健組が圧倒的優位にあったが、その優位は弘道会に取って代わられた。

味方身びいき路線は五代目時代も六代目時代も同じだが、唯一の違いは前代が発足すると同時に、山健組から一〇人近い直系組長を引き上げたのに対し、司―髙山ラインでは弘道会の有力幹部をそのまま留め置き、誰一人直系組長に取り立てていない点である。このことにより弘道会の勢力は分断されずに温存され、そのままの力が次代の竹内若頭に相続される。

換言すれば、司六代目体制の成立は山口組の頭脳部に弘道会がそのままの形で侵入、移植されたことを意味する。これにより山口組は大転換を余儀なくされたが、弘道会は変わらず、テコのように支配と影響の領域を拡大した。

おそらく渡辺五代目は出身団体の山健組においてさえ、直参の座を大盤振る舞いしなければならないほど権力が脆弱だったのに対し、司六代目と髙山若頭のセットは弘道会においても絶対権力を持ち、かつての同僚たちに直参の座を約束しなくても支配を貫徹できたことの違いだろう。当代になっても、渡辺五代目は宅見若頭などに担がれた無力な御輿《みこし》だったのに対し、司六代目は渡辺五代目に力で引退を迫り、組長の座を簒奪《さんだつ》した者の力強さに満ちていた。六代目実現に協力した者たちに対しても、座布団の大盤振る舞いなどする必要はなかった。

ともあれ弘道会・竹内若頭と山川一家・内堀若頭の五分兄弟盃は古くから続く山口組と稲川会の親戚づきあいが、将来トップの座を約束された者同士の間で再現されたことを意味する。

唯一の超広域団体へ

こうした盃外交により山口組は指定暴力団の約半数を親山口組に色分けしたといっ

て過言ではない。

おそらく司―髙山ラインは、暴力団が暴力団と対立、抗争する時代ではないという認識を持っていたはずである。暴力団同士の対立抗争は警察の思う壺であり、警察の手入れを招いて、敵対する双方がダメージを負う。抗争により世論も離反し、まかり間違うと組長の使用者責任さえ呼び込みかねない。あらゆる意味で抗争は損なのだ。

暴力団と暴力団が友好関係にあれば、初発の紛争だけで、以降、話し合いで解決し、双方の報復合戦を避けることができる。まして山口組という巨大団体が中心にあるなら、和解交渉もよりスムーズに運ぶだろう。

さらに友好関係は両組織ともに上層部支配を確かなものにする。たとえば、山口組の末端組織が友好関係にある他団体の末端組織とぶつかっても、山口組の首脳部は相手側の首脳部に話を通じることで、容易にその紛争をコントロールできる。末端組織の出番をなくし、首脳部だけが事をコントロールできる独占権を持てるのだ。このことは下克上の防止につながり、首脳部の持つ権限は安泰する。

しかも他団体の首脳を代紋違いの舎弟に加え、他団体を後見することは暴力団社会における山口組帝国の実現を意味する。アメリカが現在、唯一の超大国であるように、山口組だけが唯一の超広域団体として、他の群小団体を思うがまま采配できる。徳川幕府が三〇〇年近い平和を実現できたように、山口組幕府が実現しつつあるといってよく、これにより抗争なき暴力団社会の平和を——という構想である。司—髙山ラインの対外構想はこうした「山口組幕府」の早期樹立にあると考えて間違いない。

生き残り条件は実務能力

対内的にはどうなのか。山口組の少数精鋭化と直系組長たちの能力アップである。旧態依然とした愚連隊的、クスボリ的、シャブ中風、実力が伴わない老年ヤクザなどにはそれぞれ用がない、去れ、ということである。経済的にも、武力面でも実務能力がある者だけが生き残れるというのが山口組の新基本原則になった。

たとえば六代目体制下にスタートしたものに、引退する直系組長に向けた功労金制度がある。約一〇〇人いる直系組長たちは引退する直系組長一人に対し、それぞれ約一〇〇万円ずつを拠出し、引退直系組長に約一億円を贈る。いわば山口組版「退職金制度」の創設であり、これにより新旧交代を早める。

山口組の直系組長たちは山口組総本部に毎月一〇〇万円前後の月会費を納めている。月会費さえ負担に感じる直系組長が少なくないとされるが、彼らはさらに引退者が出る度に引退者一人につき約一〇〇万円を臨時徴収される。現在直系組長は九一人へと減少しているが、こうした負担に耐えられない者は早めに引退すべきとの含意もあるらしい。

しかも山口組の直系組長たちは六代目体制になって以降、高山若頭のお覚えをめでたくしたいのか、特別に用がなくても日中、神戸の総本部に詰めるよう変化してきた。平日は毎日五〇人ほどが詰めているとのことで、当然本部に詰めている間は自分が率いる直系組の運営も、個人的なシノギも、腹心に任せるしかない。任せた上で順調にカネが回ってこそ直系組長の資格があるという考えだから、自動的に資金が流入する仕掛けをつくれない者は引退するほかにない。

資金源として儲けが大きいとはいえ、覚醒剤や麻薬などの薬物は禁止された。不良外国人との接触禁止、内部抗争並びに他団体との抗争厳禁と同様、薬物に触ることは山口組の三大禁止事項の一つである。直系組傘下の末端組が薬物を資金源とした場合、直系組長さえも処分の対象になりうるから、直系組によっては問題化する前に自発的に薬物をシノギとする組を処分している。

攻撃要員の重視、厚遇

要するに髙山若頭がイメージする直系組長像は怜悧《れいり》、勤勉なビジネスマンといえよう。シノギは長期安定的で、司直の摘発などを招かない（一応）合法的な外見を持たなければならない。しかもそのビジネスは信頼できる配下に任せ、なおかつ安定的に資金を流し込みつづけるシステムを構築しなければならない。もちろん直系組長がビジネスから手を引き、配下からの上納金だけで巨額の経費をまかなうことは認められる。

髙山若頭にあっては、カネがスムーズに入ってこそ直系組長なのだ。余った時間は平日は組運営に専念し、土日だけ息抜きや享楽が許される。自堕落な生活態度は許されず、勤勉が尊ばれる。直系組長像は従来のヤクザや極道というより、むしろ米マフィア・ファミリーにおけるカポに似ている。少数精鋭主義、構成員より準構成員の数の方が多い現実など、すでに米マフィアの特徴とされる現象を山口組は体現しつつある。

米マフィアは構成員をソルジャー（兵士）と呼ぶが、攻撃要員の重視、厚遇も六代目体制の特徴である。〇六年三月、神戸市内で、中野会系組幹部を銃撃して重傷を与えた宅見組系組員二人の放免祝いが行われたが、これには山口組の最高幹部や直系組長が多数出席した。従来は「枝の子」（三次団体以下に属する組員）が組の抗争に参加し、長期の服役を終えて出所しても、他の直系組長がその放免祝いに出席するなどあり得ないことだった。

同様に六月、山口組の定例会の後、名古屋の弘道会本部事務所で、弘道会系組幹部の放免祝いが行われた。山口組対一和会抗争の際、一和会系加茂田組傘下の二代目花田組（札幌）丹羽勝治組長を射殺し、一八年の刑を終えて出所した組員二人の放免祝いに、山口組の執行部以下多数の直系組長たちが出席した。神戸での定例会がそのまま名古屋に移動したほどの盛況だったとされる。

「組のため」の懲役

弘道会の古参だった元組員が明言するように若頭の考えは徹底している。

「懲役に行かない、懲役に行くことを恐れるような組員なら、要らないってことです。今、使用者責任で問題がややこしくなってるけど、一事が万事、こういうことで、懲役行かんでなぜヤクザかって考えがある。その代わり懲役に行った者に対しては、その家族を含めて、シャバにいる現役の組員より大事にする。懲役に行った者がいるから、俺たちがうまい飯を食えるんだという考えが徹底してるんです」

もちろんこの場合の「懲役」は他団体との抗争など「組のために」行った懲役を意味する。私的犯罪による懲役は問題外なのだ。直系組長たちは日ごろからこうした「組のために懲役に行く」組員を養成していなければならない。単に山口組の直参という立場に甘んじ、事に臨んで相応の働きをしない直系組長には引退してもらうしかない。

つまり直系組長である以上、一身で「富国強兵」を体現しなければならない。経済的には豊かに、武力面では精兵を養い、事に臨んでは勇猛果敢に即応する。こうした基準に乗らない直系組長たちは容赦なく引退に追い込むというのが司六代目体制の体質である。

誇りを持ちつつマフィア化へ

また富国強兵策に関連するが、山口組の伝統への尊重・回帰も司体制の特質である。〇六年四月には比叡山延暦寺で、山口組の初代組長・山口春吉から四代目組長・竹中正久まで、歴代組長の法要を営んだ。同年八月には神戸市の長峰霊園に山口組組碑を建立した。二つから成り、一つは歴代組長の名を刻んだ慰霊塔、もう一つは物故した直参の百数十名の名を刻んだ慰霊碑である。各直系組の事務所には歴代組長の写真を掲額するよう定められ、また持ち回りの当番制で歴代組長の墓所を清掃するよう直系組長たちに課された。

「山口組の直参であるという誇りを持ちつつ、マフィア化へ」が六代目体制が突き進む方向かもしれない。友好関係を結んだ他団体も最終的にはこうした流れに同調せざるを得ない。同調しなければ、取り潰されるまでだからだ。だが、こうした山口組の体質改革を、社会世論や取締当局が容認するかどうかは別の問題である。

第四章　塗り変わる東京暴力地図

住吉会・小林会幹部射殺事件

和解の席で縄張り交渉

〇七年二月五日、東京・西麻布で発生した住吉会系小林会・杉浦良一幹部の射殺事件は、山口組＝國粹会が本気で首都圏征圧に乗り出す最初の一発になるのかもしれない。この事件を機に山口組＝國粹会の首都圏での存在感はますます増大していきそうである。

実行犯はまだ誰か判明していず、逮捕もされていない。しかし二月七日山口組の執行部を代表して瀧澤孝若頭補佐、入江禎総本部長、橋本弘文若頭補佐が上京して、住吉会の関功会長代行、太田健真総本部長と和解の話し合いについたこと自体が、犯人は山口組＝國粹会系の組員だと認めたに等しい。事実、山口組側からは次のような発言があったと伝えられる。

「今のところ実行犯が誰かはわからない。我々も摑んでいない。しかし、いずれにしろ山口組＝國粋会系の者がしでかしたことと思うから、こうして弔意を表し、お詫びするために参上した。犯人が誰とわかったなら、もちろんその者を即刻、警察に出頭させる」

しかし山口組側は単純な弔意や謝罪表明のためだけに、住吉会と話し合いに入ったのではないようだ。國粋会が六本木や西麻布に持つ縄張りと、その住吉会に対する貸し出し（いわゆる借りジマ、貸しジマの関係）について、新しいルールづくりを提案したとも伝えられる。

東西の暴力団にパイプを持つ事業家によれば、和解条件は三項に及ぶという。

第一点は「國粋会の縄張りと、住吉会に対するその賃借関係は現状維持」である。が、これに落ち着くまでには多少の曲折があったという。つまり住吉会側が「國粋会系の何某という親分が大昔、博打に負けたカタとして、どこそこのシマを住吉系の何某に譲った。これについては証文がある。この地域についていつまでも國粋会の縄張りと主張されては困る」と抗弁したところ、山口組＝國粋会側はうなずき、「そういうことなら、その古い書き付けを見せていただき、間違いがないとわかれば、われわれも納得せざるをえんでしょう」と答えたという。

七日、両者は結論を見ぬまま、いったん会談を終えた。そのため八日に会談を再開して昼ごろ、「現状維持」で話がまとまったという。

が、この「現状維持」では実際には山口組＝國粋会が住吉会側に譲歩を迫ったとされる。つまり「その縄張り内に新しい利権が発生したときには、その扱いは両者協議の上、決める」という一項が加えられたというのだ。

具体的にはどのようなことを意味するのか。たとえば縄張り内に六本木ヒルズのような広大な施設ができ、テナントとして飲食店や風俗店がオープンしたような場合、用心棒代、ミカジメなどの利権収益は山口組＝國粋会と住吉会が協議して、誰が取るか、利益の配分を決めるという意味に解される。

前出の事業家が解説する。

「これまでこの手の話はグレイゾーンとして放置され、結果的に住吉会側に有利に解決されてきた。それが今後は案件が発生した都度、山口組＝國粋会に諮《はか》らなければならない。その場合、交渉を有利に運ぶためには暴力的な力、威迫力が必要になる。國粋会はまだ少人数であっても、背後に山口組という巨大勢力が控えている。とすれば、案件がどっちに有利に解決するか、言わずもがなのことです。

われわれとしては住吉会とは長年のつき合いがある。気心もわかっています。住吉会に頑張ってもらいたいけど、今回、住吉会が山口組＝國粋会による攻撃を受けながら、逆に幅寄せを食ってしまったのかと残念に思います」

弔慰金と國粋会の首脳人事

和解条件の二つ目は山口組による弔慰金の支払いである。弔慰金については住吉会側が要らないと拒否したが、山口組側が無理やり置いていったとも伝えられる。その額は二〇〇〇万円から一億円まで諸説あるが、思いの外少なかったという噂が関西で流れている。会談の中では、〇四年一〇月浅草ビューホテルで発生した殺傷事件も話題に出たというから、「少額説」は必ずしも根拠のない話ではない。

どういう殺傷事件だったのか。

〇四年一〇月二四日、浅草ビューホテル近くの住吉会系中村会事務所に山口組系貴広会（現、二代目倉本組）の組員五〇人が押しかけ、騒ぎになった。浅草署の警官が出動して貴広会組員を解散させたが、その後両者はビューホテル一階の喫茶室であらためて話し合いに入った。このとき中村会の幹部二人が貴広会の幹部数人に向け拳銃を発射、二人を殺し、二人に重傷を与えた。

この事件について、山口組側は住吉会側に報復せず、代償も求めなかったという。よって浅草ビューホテル事件と今回の西麻布・小林会幹部に対する殺人事件は「行ってこい」(おあいこ)にするとなったのだという。

和解条件の三つ目は國粹会の首脳人事に関することである。事件の責任を取って、工藤和義会長が引退するという内容だったが、会内で正式決定した人事ではなかったらしく、國粹会は否定していた。だが、工藤会長は〇七年二月一五日自殺して、図らずも社会的活動を停止した。引退人事は実現できなくなったわけだが、仮に引退したとしても、それは國粹会が退いたことを意味せず、逆に國粹会をより山口組色に染める、体質を強化する、と見られていた。

そうでなくても國粹会の工藤和義会長が二〇〇五年九月、山口組の司忍組長の舎弟兼山口組の最高顧問となって國粹会全体が山口組入りして以降、國粹会では若い組員が増え、勢いが日増しに盛り上がっているという。國粹会の山口組入りは組織的に見れば成功だったと見られ、さらなる山口組色の強化は國粹会にとってプラス、住吉会など他の関東系広域団体にとってはマイナス、と出る可能性が強い。山口組=國粹会による首都圏進出は今後本格化し、関東二十日会に加盟する住吉会や稲川会などは路線転換を迫られる可能性がある。

なぜなら今回の杉浦幹部射殺事件では、山口組＝國粋会が住吉会の中枢部を直撃する構えを見せたからだ。

小林会トップを狙った可能性

今一度事件を振り返っておこう。

二月五日午前一〇時一〇分ごろ西麻布四丁目の路上に停車するセンチュリーに二人組の男が近づいて窓越しに発砲、後部座席に座っていた住吉会系小林会直井組の杉浦良一幹部（四三）を射殺して逃亡した。杉浦幹部は頭や腹に三発の銃弾を受け、即死同然だった。運転手と助手席には二人が乗っていたが、彼らは銃撃されず、無事だった。

この車は住吉会懲罰委員長・小林会三代目・小林忠紘会長の車で、小林会長はこの日、同じく住吉会系の武州前川八代目の義理ごとに出掛ける予定だったとされる。小林会長がこの車で出発するため、会長付きの杉浦幹部が迎えに来た。犯人たちは小林忠紘会長を狙ったものの、杉浦幹部が後部座席に座っていたため、小林会長と誤認して射殺したものと推測される。つまり山口組＝國粹会が当初狙撃しようとした相手は小林会・小林忠紘会長だった可能性が強い。

小林会と言えば、住吉会・福田晴瞭会長の出身団体で、現在の住吉会では保守本流といっていい。住吉会は何よりクラブやバーが集中する銀座七～八丁目を仕切っていることで知られるが、その仕切りは小林会が行っていた。しかも銀座もまた國粹会のシマがあり、國粹会は長い間、同地域を住吉会系小林会に貸しジマしている。

小林会・小林忠紘会長を狙ったものとするなら、今回の事件はつまらぬ行きがかりで発生した喧嘩沙汰などではない。きっちり組み立てた戦略と用意周到な事前調査や戦術に基づく住吉会の中枢攻撃と見なければならない。もちろん戦略を実行する上で、山口組と國粹会は一体だった。山口組＝國粹会はいきなり首都東京の夜の社交場とでもいうべき銀座の奪還を目指した。

これまで山口組は東京における山口組系組員の行動を極力セーブしていた。

國粹会・工藤和義会長の山口組入りについて経緯をよく知る山口組の幹部が証言する。この幹部によると、工藤和義会長の山口組入りは〇一年春から始まった國粹会の内紛の解決で、山口組に世話になったからといった実利的ないきさつからではないという。

「工藤会長が山口組に入ったのは、自分の身をもって六代目発足に花を添えてくれたってことなんです。

歴史ある國粋会が山口組の舎弟になるというのはハタが想像する以上に大変なことです。関東二十日会との関係もあるし、稲川会、住吉会との深い関係もある。そういう関係を脱ぎ捨てて山口組に入るに当たっては当然、他団体との摩擦が予想されます。工藤会長はそういうことを全て覚悟の上、男が男に惚れて舎弟の盃を受けてくれたんです」

ここで時間をさかのぼることになるが、國粋会の内紛とはどういうものだったのか、一応踏まえておこう。

周到に絵を描いた黒幕は

國粋会の内紛では〇一年四月以降、一都五県で三四件の発砲事件が起きた。対立の背景には銀座の利権争いなどがあった。

國粋会は組同士が緩やかに結びつく連合体だったが、組織の一本化を図るため工藤和義会長が会内の組長たちに「親子盃」を要求した。山口組に似たような形での組織の一体化を目指したのだ。だが同年三月、組織内で有力な二次団体である生井一家の柴崎雄二朗総長ら三組長が盃を飲むことを拒否し、工藤会長は対抗して三組長を絶縁した。

これが抗争の発端である。その後、生井一家系列の組長らが次々と工藤会長派につき、四月下旬から発砲事件が相次いだ。この間、住吉会の福田晴瞭会長らが仲裁に入ったが、双方とも受け入れなかった。

銀座では今でも多くの店が「用心棒代」などを暴力団に支払っている。生井一家の柴崎元総長がこうした利権を住吉会と分け合っているのに対し、工藤会長は縄張りが荒らされると危惧した。このため当時、銀座では騒ぎが頻発した。

國粋会の内紛は〇三年一〇月、山口組が仲裁に入ることで、工藤会長に有利に解決した。この際、山口組側は強引な手も使っている。

生井一家の柴崎元総長を神戸に連れていき、引退するよう説得したのだ。この仲裁で工藤会長は山口組を頼みにできると信頼し、〇五年の舎弟盃、山口組入りへの道が調えられていく。

そうでなくとも國粋会は山口組と縁が深い。「日本國粋会」を名乗っていた一九六四年一二月に、当時の森田政治会長が山口組の地道行雄若頭と兄弟盃を飲み分けている。田岡時代の話である。いわば國粋会の山口組入りは三代目山口組・田岡一雄組長の夢の再現でもある。

実際、今回の小林会幹部射殺事件とその後の和解交渉は完全に山口組ペースだったと警視庁筋も舌を巻いている。

「今回の絵を描いたのは山口組の髙山清司若頭だったと我々は推測している。事件の発生から和解に至るまで、完全に絵を描かれた。髙山若頭はこんなにも頭がいいのか、我々も驚いている。住吉会はじめ関東側は正直、押され気味です。今後山口組が東京でどう出るのか、先が思いやられる」（捜査関係者）

つまり西麻布、小林会幹部の射殺事件とその和解は事の終わりではなく、事の始まりを意味する。山口組の来襲で東京、危うしと見なければなるまい。

髙山若頭が描く國粋会と東京の将来図

早々に決定した國粋会の跡目

國粋会の工藤和義会長は二月一五日、東京台東区の自宅で拳銃自殺したが、三月五日、早々と國粋会の跡目が決定した。それまで國粋会の理事長をつとめていた信州斉藤一家・藤井英治総長が國粋会の五代目会長に就くと、山口組本部の月総会で発表されたのだ。

同時に藤井英治会長は山口組の新直系若衆に抜擢されたが、ここで改めて印象づけられるのは山口組あっての國粋会という一事である。跡目決定という重大事は東京・台東区の國粋会本部ではなく、神戸市灘区篠原本町の山口組本部で発表された。國粋会は工藤前会長が〇五年九月、山口組六代目・司忍組長から舎弟盃を許される前までは関東二十日会に加盟する歴《れっき》とした独立独歩の団体だったが、今や國粋会の構成員にとって最重要の次期会長人事さえ、山口組本部のお墨付きなしには決定も発表もできない立場に変わったわけである。

当然といえば当然の手続きだろうが、あまりに急激な変化にうたた世の移ろいを感じる。伝統ある東京の指定暴力団が一〇〇前後ある山口組直系組の一つにすぎなくなったことの意味は、いまさらながら重大である。とはいえ、國粋会にとっても山口組入りが勢力の伸張と組織の強化につながっていることはいうまでもない。山口組入り以降、國粋会が若返り、メンバーが増え、勢いをつけたという評判は都内の他団体でも取り沙汰されている。

それだけに勢力を盛り返した國粋会が山口組の直系組であり、しかも都内有数の繁華街のシマ持ちであるという事実は関係者をたじろがせるほど大きい。國粋会の背後には好戦性で聞こえる山口組の、とりわけ当代と若頭の出身団体である弘道会が控えている。

國粋会が本来の縄張りである銀座や六本木でヤクザとしてのシノギに従事したところで、他の団体からは文句のつけようがない。國粋会は都内で活動する上で不可欠の大義名分も力も、歴史も持っているのだ。

東京から全国制覇への布石

しかも事情通が伝えるところによれば、山口組・髙山清司若頭が國粋会に描く将来図にはまだこの先があるらしい。山口組執行部にパイプを持つ都内の事業家が髙山若頭の構想とされるものを披露する。

「藤井会長が率いる信州斉藤一家の総長代行として、弘道会でも有力団体の組長を縁組みさせた上、信州斉藤一家に送り込む。國粋会では藤井会長の跡目としてこの組長が有力視されるらしい。その後、組長に信州斉藤一家の跡目を取らせ、時期が定まれば國粋会の六代目会長に据える。これで國粋会と弘道会の結びつきは非常に強固になるという構想です。國粋会は山口組の、なかでも弘道会系の色彩に強く染まるわけです。

この組長自身は『この話は丁重にお断りした』と話しているようだが、いつ再燃・復活してもおかしくない。國粋会は今後ますます『髙山若頭あっての國粋会』という性格を濃厚にしていく。一時はいきなりくだんの組長による國粋会会長就任が密かに噂されたくらいで、かなり信憑性《しんぴょうせい》の高い話のはずです」

先に國粋会は山口組の一〇〇前後ある直系組の一つにすぎないと述べたが、それだけに留まらない。いわば弘道会の血を分けた弟分の組として東京で威を張っていくのだ。國粋会は全国最重要拠点の東京を預かる弘道会分家としての位置づけになるのかもしれない。いわば徳川御三家としての復活である。弘道会に太いパイプを持つ愛知県警の捜査関係者が、現状のヒントになりそうな話を披露する。

「司忍組長時代の弘道会では、長いこと司組長が任侠道の夢を語り、それを髙山若頭が着々と実現していくという体制をとってました。この体制は司組長が山口組の六代目になっても、刑務所の中に入っても、変わるものじゃない。

司組長の夢とは天下統一と司幕府の創設です。一身に織田信長と徳川家康を兼ねたい。弘道会はまず名古屋と愛知県を統一した。次に山口組の本丸を勝ちとった。次にすべきことは上洛ならぬ上京です。首都に軍を進めて天下に大号令する。今、東京の國粋会に起きていることはこれですよ。天下統一を目指す一つの過程として、住吉会系小林会の幹部射殺事件も起きた。

では、なんのための天下統一なのか。ヤクザ界の平和共存のためです。もう互いに相争う時代ではない。争わずにすむような統一政権を樹立する。これ以上、警察の餌食になるのはバカらしい。司組長の任侠道はこれほど気宇雄大、長期的な未来を見据えたものなんです」

およそ捜査関係者が吐く言葉とは思えないが、愛知県警の中には少数ながら弘道会シンパが棲息《せいそく》する。彼らはほとんど司教の信者といっていい。

小林会の周りに応援団

こうした構想の真偽は不明だが、山口組が首都圏攻略の長期戦略を持つとして、関東の住吉会や稲川会はこれに対抗できるのか。

住吉会の幹部と親しい都内の不動産業者は「大丈夫、今度はやると住吉会は腹を固めてます」と太鼓判を押す。

「小林会の幹部が射殺されて、小林会はすばやい反撃に出てます。最初は組事務所の件で揉めていた山口組の太田会系事務所にカチコミ、次に國粋会系の組事務所を襲った。

実は小林会の幹部がやられた次の日には信州斉藤一家の名を摑んでいた。事件後すぐ小林会の周りには応援団ができてます。その応援団が信州斉藤一家が組員に事務所や自宅で待機をかけている、長野県警が通行車両を検問している、という情報をいち早く摑んだ。こうした動きから、住吉会系小林会幹部をやったのは國粋会の中でも信州斉藤一家であろうとなって、応援団ぐるみで小林会がただちに名古屋や諏訪に入った。一応山口組と住吉会の間で和解が成って、途中で引きましたが。

住吉会の中でも武闘派で聞こえる組織なども『今度こそ福田晴瞭・住吉会会長を守る』って力が入ってるし、応援団にはきちんと都内の要所要所に事務所を出してもらうって話も進んでます」

住吉会に「応援団」というのも解せない話だが、とにかく山口組には東京を蹂躙《じゅうりん》させないと自信満々なのだ。あるいはこうした信州斉藤一家実行犯説から、藤井英治会長の短期政権説が出たのかもしれない。仮に実行犯が信州斉藤一家の組員だとしたなら、小林会幹部を殺しました、國粋会の会長になりました、では、外聞が悪すぎるからだ。

「それに名古屋では地下鉄や下水道の談合事件で捜査が進んでます。談合で捻出《ねんしゅつ》したカネは最終的に弘道会に渡ったはずだが、ゼネコンの仕切り屋はなかなか弘道会の名を吐かない。

だけど検察は今、建設会社の担当者を呼んで、片っ端から調書を取っている。『カネは弘道会に渡りました』って供述する人間はいないだろうけど、『情況的に弘道会に渡ったと思います』って人間が三人もいれば、柔道と同じで有効三本で一本勝ちってことになる。今は情況証拠だってバシバシ逮捕、起訴に持ち込む。現に四月、髙山若頭の逮捕って話が飛び交ってます。

髙山逮捕なら、山口組は間違いなく崩れます。警察が内紛狙いで空気を入れている面もあるけど、反主流派が元気になる。そうなれば、今は洞ヶ峠《ほらがとうげ》（日和見）を決め込んでいる他の組も一気に寄る。勝ち馬に乗るのが現代ヤクザです。山口組が内紛で割れたら、東京どころの騒ぎじゃないでしょう」（前出、都内の不動産業者）

他力本願の臭いも漂うが、諸般の状況からして、山口組の東京進出は頓挫《とんざ》する、という見立てである。

大阪府警が煽る内部対立

また談合容疑とは別に大阪府警捜査四課も三月六日、弘道会の組事務所を殺人未遂と銃刀法違反容疑で家宅捜索している。この家宅捜索は弘道会に対する先制ジャブといった意味合いが強く、弘道会と山健組系健竜会の内部対立を煽《あお》る可能性もある。

順を追って経緯を記すと、こうなる。

四課の見方では、

「まず山健組系健竜会が幹部を絶縁処分した。幹部は処分後、弘道会系の組と接触した。幹部らは〇六年五月二一日、乗用車で大阪府和泉市の府道を走っていた。と、別の車から銃撃され、幹部ら二人は重軽傷を負った。弘道会側はこの襲撃を健竜会の手と見た可能性がある。二日後、神戸市中央区中山手《なかやまて》通《どおり》の健竜会事務所に銃弾三発が撃ち込まれる事件が発生した。当時、組事務所には組員七人が詰めていたが、けが人はなかった」

両事件とも銃撃犯は未逮捕であり、誰がなんのために銃撃したのか未解明である。大阪府警はこのカチコミを弘道会系の犯行と疑った。その上で三月六日、家宅捜索に出たという順序である。

関西在住の独立系中堅組長が言う。

「この世界、うちが処分した組員をよその組が拾った、拾わないで喧嘩になるケースがざらにある。堅気《かたぎ》としての付き合いであろうが同じだ。大阪和泉の発砲も健竜会事務所に向けてのカチコミもおおかたそんなところだ。大阪府警の見込みも必ずしも見当違いじゃなかろう。

現に三月八日ごろ、山口県で山健組の元組員だかが弘道会の元組員だかを刺身包丁で刺す事件が起きたようだ。両方の組とも、うちは誰それを処分済みだ。うちの人間じゃないから関係ないといって、知らぬ顔を決め込むようだが、山口組は一枚岩じゃない。ちょっとした争いがきっかけで内紛騒ぎを起こす可能性だってある」

だが、山口組内に隠微《いんび》な対立という説にも疑問がある。少なくとも髙山若頭は司組長の留守を預かり、組長代行に等しい全権を持つ。事実、直系組長たちから恐れられ、誰も逆らうものはいないとされる。だとすれば、山口組系の下部組織が相争うようなら、関係者を処分すればいい。処分に対して面をあげて諌言《かんげん》する者は誰もいないだろう。なにもしこりを持ち越すことはないと、外部の人間は思う。

つまり山口組では外野が囃すような亀裂は走っていないのかもしれない。小林会幹部射殺事件の犯人二人は未だに特定されていず、迷宮入りさえ噂されている。警察が苦し紛れに山口組内の対立をでっちあげ、攪乱《かくらん》工作に出ている可能性もある。そういえば、山口組の内部対立や、小林会幹部射殺事件に端を発する一連の騒動について、怪文書が出回っている。事件後、住吉会も山口組も不気味な沈黙を守っているが、今は深く静かに潜航するときと考えを定めているはずである。

「山口組vs.住吉会抗争」戦後処理の闇

山口組、住吉会、警視庁の三すくみ

山口組と住吉会、警視庁は三つ巴になって対決しながら、実際にやっていることは三すくみ。三者とも有効な手を打てず、それぞれ欲求不満に陥っていると言うのは、三者に太いパイプを持つコンサルタント会社の役員A氏である。

「山口組、住吉会、警視庁、三者とも末端に行けば行くほど不満が鬱積《うっせき》してます。梅雨空のように晴れない。このままじゃ、うちはじり貧という思いがそれぞれ強いんです。特に住吉会の末端では『やるべきことをやってから手打ちすべきだ。山口組との手打ちは早すぎるし、だいたい手打ちする必要があるのか』って不満がすごく強い」

たしかに〇七年二月五日、港区西麻布で発生した住吉会系小林会幹部の射殺事件では、早くも三日後の八日に山口組と住吉会の間で和解が成立している。

三月二五日仙台では、住吉一家西海家系の幹部二人がミカジメ料の徴収を断られた腹癒《はらい》せに、山口組系宅見組の組員が経営する居酒屋にコンクリートブロックを投げつけ、二九日に西海家早坂会の組員が刃物で宅見組系組員の腹を刺すなど、波状攻撃を加えた。

翌三〇日、宅見組系は反撃に出た。仙台市青葉区の西海家早坂会系の組事務所前で幹部と組員を銃撃、二人に重傷を与えたが、次の三一日、東京ではもう山口組と住吉会の上層部が和解していた。

「住吉会の中でもこの西海家とか、かつて山口組系弘道会と戦った親和会、戦闘性で知られる幸平一家、西麻布の事件で遺恨を持つ小林会など、山口組とやる気十分な組織はいくつもあります。彼らが狙っているのは山口組の中でも特に弘道会、宅見組、極心連合の三直系組です。だけど上層部は『やれば警察の思う壺、今はじっと我慢しろ』というから、派手な動きはできない」

出回る怪文書の意図

「一方山口組にしても、西麻布や六本木、銀座を仕切る住吉会系小林会（の幹部）をやったとはいっても、その後、そういう繁華街に我が物顔に進出できるわけじゃない。何のための喧嘩なのか。これじゃ國粋会会長の首を信州斉藤一家・藤井英治会長に替えただけじゃないかって不満が聞かれます」（Ａ氏）

そのためか、山口組周辺では去年秋ごろから怪文書が数度にわたって出回っている。いずれも発信人の名はなく、出所も根拠も不明の文書だが、それでも怪文書によって、山口組に現状不満派がいることは分かる。参考までに最近のものをかいつまんで紹介しておこう。Ａ４判、横書きと縦書きのものがあるが、内容はほとんど同じである。タイトルはなく、いきなり本文から始まる。

まず山口組の渡辺芳則前組長が老人性認知症になり、宇都宮の実家（正しくは栃木県下都賀郡壬生町《しもつがぐんみぶまち》）にいると記す。この記述は、甚だしい誇張のようだ。最近、渡辺前組長に会った人間によれば、「ひところの精彩がなく、ちょっと見ではそこらのお年寄りと変わらない。足元も少しおぼつかない。周りに護衛の者がついていたけど、山口組の組員ではなく、地元の警察が万一に備えて警衛していると聞いた」とのこと。

怪文書は山口組の初代から現在の司忍六代目組長まで、揃って晩年は不幸だったと述べる。司組長は府中刑務所で服役しているが、具体的な病名まで出し、重病だと決めつけている。

が、これもタメにするデマと思われる。警視庁の関係者が断言するのだ。

「司組長が独居房にいることはたしかだけど、拘禁病などではなく、すこぶる元気ですよ。その証拠に『自分を工場に下ろせ』と再三要求している。病気の人間が『工場に下ろせ。みんなと一緒に働かせろ』はないでしょう。怪文書は山口組内の動揺を誘うがためのでたらめです」

次に怪文書は髙山清司若頭に言及する。強いリーダーシップを取る若頭を独断専行だとし、山口組の安定ではなく、弘道会の拡大を考えており、執行部は誰も意見を言えず、内部崩壊が始まっている。五代目交代劇の立役者に対する論功行賞は約束だけで実行されず、幹部は使い捨てだ、と続けている。稲川会や会津小鉄の人事も挙げて髙山若頭をクサすばかりか、最近の山口組対住吉会の対立抗争も例にとり、事件について「関東では一〇〇パーセントの人が山口組ではなく、弘道会の画策だと断言している」と言い切っている。

続けて、こうも敵をつくってはやがては取締法が整備され、ヤクザとしての看板を上げることはもちろん、抗争の応援もできず、山口組に見切りをつける直参（直系組長）が続出する。山口組はすでにヤクザ組織ではなく、雑貨屋だ。弘道会の地元、名古屋では談合の総元締めが手入れされ、髙山若頭が逮捕されるだろう。それを一番願っている組長がいる。その組長は髙山若頭の没落で自分の出番は必ず来ることを生き甲斐に、イメージ作戦を展開中だ、と話をふくらませる。

こうした観測にどれほど客観性があるのか不明だが、少なくとも内部に疑心暗鬼を生む効果はあるだろう。その後も怪文書では延々と最高幹部に対して誹謗《ひぼう》中傷が書き進められる。そして結論は山口組の全直系組長が独立する時代が来たと扇動するのだ。

たしかに一部、内部情報に通じていそうな記述もあるのだが、確度が低い情報も織り込まれている。だからこそ「怪文書」なのだろうが、目指しているのは、山口組に嫌気がさすよう組員を煽ることかもしれない。文章は接続が少しおかしく、素人が書いたものと見られるが、案外、出し手に警察ルートを疑ってもいいのかもしれない。内部攪乱を狙う謀略文書というわけである。

愛知県警へのプレッシャー

再びA氏が語る。

「警視庁の一線でもそうとう不満が溜まってます。上のキャリア連中は山口組や國粋会に攻め込めと大号令をかけるけど、手掛かりになる情報がない。しかも山口組は小林会の幹部を射殺して住吉会と和解しても、肝心の犯人を出そうとしない。完全なほおかむりです。

警察としては頭に来ます。『警察を舐《な》めるのもいい加減にしろよ。野郎、目にもの見せてやる』と言いたいけど、完全に材料がない。そこで弘道会を管轄する愛知県警に八つ当たりしたくなる。『お前んとこが日ごろ弘道会を甘やかしてるから、見ろ。いざというとき、手掛かりがないじゃないか』ってわけです」

そういう流れからか、三月一五日愛知県警がまさしく泥縄で始めたのが「愛知県が行う契約からの暴力団排除に関する合意書の締結」である。

どういうことか。愛知県や県の企業庁、県病院事業庁が発注する建設工事や物品の購入、役務の提供などの調達契約と、公有財産の売り払い契約から、弘道会や山口組などの暴力団を排除するため、契約相手側に暴力団がいないか、愛知県警に文書で問い合わせができるというもの。県警は照会を受けたときは速やかに文書で回答しなければならないとしている。

県の契約から締め出すことになる会社などの法人は広範囲に及ぶ。

一．その会社や法人の役員などに暴力団員、または暴力団関係者などがいる法人、二．暴力団員などが経営や運営に実質的に関与している法人、三．役員や使用人が暴力団の威力、もしくは暴力団員など、または暴力団員などが経営に実質的に関与している法人などを利用している法人、四．役員や使用人が暴力団もしくは暴力団員などが経営に実質的に関与している法人などに対して資金などを供給し、または便宜を供与するなど暴力団の維持運営に協力し、または関与している法人、五．役員や使用人が暴力団、または暴力団員などと社会的に非難されるべき関係を有している法人、六．役員や使用人が前各号のいずれかに該当する法人等であることを知りながら、これを利用するなどしている法人――というのだ。

早い話、下請けや孫請けにまで暴力団の組員がいないと判明しないかぎり、安心して県の仕事は受注できない。いつ排除されるか分からないからだ。

業者によっては県の仕事など目じゃない、県がダメなら、民間業者が相手だ、と開き直る向きもあるだろうが、悲惨なのはヤクザから足を洗ってカタギの土木作業員などになった元組員である。元組員は暴力団員とは見られないまでも「暴力団関係者」と見られる危険性は大きい。彼が会社や工務店に雇用されているかぎり、会社や工務店が県の仕事から排除されるというのでは、明らかな差別である。会社をクビになるのは必至だからだ。

暴力団排除に関する合意書

愛知県警も弘道会に打つ手なしとはいえ、とんでもない毒薬に触り始めたものである。この「合意書」は〇七年四月一日から発効し、すでに実施されている。

しかも暴力団排除を理由にする業者いじめや元組員差別は愛知県だけではなく、全国で行われている。たとえば暴力団対策法で罰金刑に処せられた者は欠格だから、その業から排除すると定めた法令は多岐にわたっている。一例を挙げれば、廃棄物処理法、建設業法、特定非営利活動促進法、債権管理回収業特措法、貸金業法、宅地建物取引業法、証券取引法、職業安定法、労働者派遣事業法、港湾運送事業法、港湾労働法、金融先物取引法、酒税法、保険業法などがそれである。

おまけに警察は検挙した者に「前科をつけてやる」という意識を一線の捜査員に植え付けることで、警備業法や風営法、自動車運転代行業法などの許可を外せると指導している。「事件検挙と連動させ、当該業者の役員等に『前科をつける』ことにより、許可等の取り消しが可能となる」(『捜査研究』〇七年四月号「暴力団排除のための前科要件の活用」)

山口組、住吉会、警視庁の三すくみ状態は三者とも揃って打つ手なく、苦し紛れに、とんでもない迷走状態に入ったようである。

「東京侵攻」の成否を分けるもの

貸しジマをじりじりと侵食

山口組＝國粋会の都内での勢力地図は、二月の住吉会との和解で「現状凍結」と決まったが、その後もじりじり東京の版図《はんと》を拡大しているようだ。

警視庁関係者の現状分析はこうである。

「國粋会が山口組の傘下に入って一年八ヵ月、國粋会の勢力は明らかに膨らんでます。中でも東京生井一家（本拠は中央区）は構成員二〇人が一五〇人になるなど、二年弱で七倍増以上。それも準構成員を含まない数というから、他団体にはない急増、激増です。新規参入の組員は若年層が多く、もともと銀座や六本木が國粋会のシマなら直轄で行く、住吉会などからは返してもらって当然、と考えている。

そのため従来、よその組に貸しジマしていた地域であっても、新規に開店した店などに対しては、平気で『ミカジメ料はうちに払え』と話をつけに行ってる。しかもこれがすんなり通るケースが多い。それまで借りジマしていたよその組は見て見ぬ振り。黙認している。明らかに二月西麻布での住吉会系小林会幹部射殺事件以降、山口組=國粹会の意向が東京で通る流れができてしまったんです」

山口組=國粹会は即、國粹会のシマ全部を返せというのではなく、徐々に侵食を繰り返している。借りジマしている組の幹部が國粋会に文句をつけようものなら、

「縄張りの貸し借りは先代（四代目工藤和義会長、〇七年二月拳銃自殺）までの話。新会長（五代目藤井英治会長、〇七年三月就任）の代になったからには関係ない。即刻、返してもらって当然だ」

と、はねつけるという（前出、警視庁関係者）。

「山口組=國粹会の上層部も、借りジマしている住吉会や稲川会の上層部も、大きいトラブルを抱えたくない点では一致している。下手に抗争を起こすと、暴力団対策法どころではなく、暴力団全面禁止の新法さえできかねない。抗争は新法という火に油を注ぐ結果になると警戒しているわけだが、それがまた山口組=國粹会の侵食を許す原因にもなっている」（同前）

関東の広域暴力団は総じて押され気味なのだが、ここで浮上してきたのが「千人

会」という横断的な組織である。「千人会」はどういう性格を持つのか。

迎え撃つ関東勢のカナメ

関東の暴力団に太いパイプを持つ都内の事業家が解説する。

「千人会は〇六年一〇月ごろ、組を問わず互いに親睦を図ろうという思惑から、緩やかな集まりとして発足している。今までに四回ぐらい会合を持ってるんじゃないか。参加してるのは住吉の一部、稲川会の一部、山口組系傘下の枝の組、独立団体などだ。たとえ山口組＝國粋会とぶつかっても一歩も退かないといった意地と実力を持った組が揃っている。

この『千人会』が西麻布の事件を受けて、住吉会のというか、住吉会系小林会の、応援団的な性格が出てきた。再び山口組や國粋会が小林会に攻勢かければ、『及ばずながら応援つかまつる』って準備してるわけです。事前に山口組関係の情報収集もしている」

住吉会側も非公式な動きを含めて臨戦態勢にあると見ていい。関東系の広域団体にとって、東京は命綱である。いくら山口組＝國粋会が強硬に迫っても、むざむざ金城湯池は渡せない。

「もう一つ住吉会の強さに関係する動きがある。先日、幸平一家一二代目・築地久松総長が亡くなった。五月一四日、埼玉県入間《いるま》市の寺で葬式があったけど、施主は幸平一家の総長代行で、加藤連合（新宿）の加藤英幸組長だった。

まあ、この加藤組長が幸平一家の跡目を取るだろうといわれるけど、加藤組長は山口組さえ一目も二目も置く実力派だ。新宿・歌舞伎町には山口組の、中でも山健組の系列が多数進出しているが、彼らも、中国マフィアの最大グループも、加藤連合には挨拶を欠かさない。過去、加藤連合とぶつかった組織は敗れている。加藤連合は強いし、勢いがある。加藤組長は経済力もあり、カタギの社長連中の間でも評判がよく、ファンも多い。

こういう加藤組長が住吉会の中枢に入れば住吉会が変化するのではと期待が持てる。加藤組長は国士舘大学の出で、住吉会の執行部も六～七割は国士舘の出のはずだ。話もセンスも合うと思う」（前出の事業家）

最近、歌舞伎町に進出する山口組系の言い分は「うちが直営でやるから認めてほしい」というものらしい。たとえば新しくホストクラブを開店するとする。大阪辺りからナンバーワンを引き抜き、東京で中堅どころをスカウトする。用意が調ったところで、相応のカネを包んで加藤連合に挨拶に行く。ヤクザの直営と言われては加藤連合も反対しづらく、結果的に認めることになるというのだ。

だが、加藤連合に対する期待が強いせいか、逆の見方もある。

関東系団体の中堅幹部が言う。

「幸平一家は住吉会ではあっても、住吉一家には入ってない。土支田一家も幸平一家と同じで、住吉一家じゃない。つまりこの二つは住吉一家にある程度距離を置いている。山健組とはむしろ親しいんじゃないか。

仮に幸平一家と土支田一家が住吉会を出て、一本になったらどうか。十分やっていける。幸平一家は約八〇〇人、土支田一家も約二〇〇人、計一〇〇〇人は行く。一〇〇〇人の組織といったら、山口組や住吉会、稲川会の次ぐらいにランクされる。大組織といっていい。しかも二つがカバーするシマは広い。城西、城北、西武池袋線と西武新宿線の沿線、埼玉までつながっている。資金力もある。こうなったらこうなったで、山口組=國粋会の対抗勢力に十分なり得る」

山口組を迎え撃つ関東勢の中では、前記の千人会と加藤連合がカナメの役割を果たしそうなのだ。

ヤクザかマフィアか

では、東京に侵攻する山口組の司忍組長、髙山清司若頭の戦略とはどのようなものなのか。その前に今のヤクザ世界の情況はどうなのか。解説するのは、切れ者として、知る人ぞ知る首都圏団体の実力派Q組長である。

「今ヤクザ社会は地殻変動を起こしている。一つの要素は六代目山口組の動向だ。司組長の理想は山口組による全国統一、司幕府の樹立と見て間違いない。司組長は一人で織田信長と豊臣秀吉、徳川家康を兼ねるつもりでいる。全国を統一して、諸国の大・小名を膝下《しっか》に置く。徳川幕府の開幕で三〇〇年の平和が保たれたように、司幕府がヤクザをコントロールして争いをなくし、共存共栄を図る。

成功するためには天のとき、地の利、人の和が必要だ。國粹会を舎弟に加えたことをきっかけに、六代目山口組には追い風が吹いている。名古屋という土地、髙山清司という名若頭、すべてに恵まれている。

司組長の構想を実現しようと、髙山若頭は切れ味鋭い方策を矢継ぎ早に繰り出している。東京を完全に押さえれば、全国統一が成ったも同じだ。地方のヤクザなどに対しては、すでに後見人などの形で影響下に置いている。東京での國粋会の捌《さば》きなど、髙山若頭の手腕は実に見事だ。単なる有能や優秀の域を超えている。しかも攻勢のスピードが速く、関東勢は対抗できていない」

だが、とはいえ、司組長の構想がすんなり実現する保証はない。山口組の東京侵攻を阻止しようと、警察庁、警視庁、検察庁も対抗法を検討し始めているし、前記のように関東系団体も単に腕を拱《こまぬ》いているわけではない。山口組も一枚岩ではなく、不満層を抱えている。第二の宅見若頭射殺事件が起きても不思議はないだろうという。

Q組長が続ける。

「今、組長の使用者責任は民法上のことだけど、これを刑法で認めるべく法を改正する。また組長のボディガードから拳銃が出た場合、ガードされる組長もまた拳銃不法所持の共謀共同正犯だって拡大解釈が判例になりつつあるけど、これも法にきちんと明文化される。そればかりか、暴力団対策法じゃ不十分だ、ヤクザ団体などを創設するのも、加盟を呼び掛けるのも、組を運営するのも、組員になるのも、そのままアウトだって法律がいずれできる。全面的な暴力団禁圧法の登場だ。

こうなれば司幕府の創設もへったくれもない。ヤクザは一斉に地下に潜るしかない。マフィアになるしか道は残されてないわけだ。人に存在を知られてナンボのヤクザか。地下に潜って警察に情報を摑まれることなく、いかに儲けるか。どちらが得か、今、ヤクザは二股道に出くわしている。目端《めはし》の利いたヤクザは事実、最初から若い者をヤクザ登録せず、会社型の別組織に放り込み始めている。ちょっと見には体育会系社員、根は生粋《きっすい》のヤクザってわけだ。

まあ、こうなったらこうなったで、警察の捜査四課や暴力団対策室の刑事は失業する。警察という巨大組織を維持するため、警察にはヤクザが必要といった事情がある。ヤクザを使って外国人犯罪に対抗できるのではないかという計算もなくはない。警察がそう考えるとしたら、ヤクザの寿命ももう少し延びるわけだが、どっちにしろ時間の問題だろう。どっちが次の手を打てるか、ヤクザと警察のスピード比べになる」

たしかに時代がそう動いている気配はある。キーワードはスピードであり、しかも過去にも将来に対しても、長期で見る目が必要になる。山口組対関東系の広域団体、山口組対警察だけを見ても、対立抗争やヤクザ経済だけを見ても、いずれも現状は正確に摑めそうにない。

ヤクザにも進む格差社会

Q組長は「ヤクザにも格差社会化が進んでいる」と断言する。

「オモテ社会が富裕層と貧困層に分解してるんだから、当然ウラだって二極分解する。同じ貧困ヤクザでも二〇代、三〇代なら、まだ将来に期待感がある。これが五〇代、六〇代になると、もう先が見えてしまう。この先、いいことなんか何もないって分かってる。としたら、先のことは知るかって突っ込むヤクザが出る。〇七年四月の長崎市長射殺事件、東京・町田市の立て籠もり乱射事件、みんなこの類《たぐい》だろう。展望なき犯罪だ。

しかしマフィア時代になれば話は別だ。金儲けは下手だけど、殺しなら組のお役に立てるという人間がどの組にも必ずいる。こういう人間が殺し要員になる。自暴自棄になって人を殺すんじゃない。冷静に計算した上、殺す。警察に自首するなんてあり得ない。絶対捜査の手が伸びないように殺すし、警察の捜査力は確実に衰えている。だから同じ要員が何回でも殺せる。上の者も殺し要員を守りきる。要員は服役する必要がないんだから、何回でも殺しに動員できるし、殺しによって経済的にも報われる」

恐ろしい時代が到来する。しかも、ヤクザがマフィア化する兆候は現実にある。それはかりか、すでにマフィア化が始まっているのかもしれない。筆者はこのほど『カネと暴力と五代目山口組』を竹書房から刊行したが、中野会による宅見勝若頭射殺事件など、マフィア化の最たるものだろう。渡辺芳則組長もまた結果としてマフィア化を容認した。

五代目時代は八九年から〇五年までの一六年間である。その時代をカネ、暴対法、住専問題、阪神淡路大震災、オウム真理教、宅見射殺事件、中野会の絶縁、司忍組長の若頭就任、渡辺組長の引退など、主だった現象を鳥瞰《ちょうかん》し、長期で見ると、おのずと見えてくるものがある。渡辺組長による山健組のてこ入れと、司忍組長の山口組の明日を見据えた戦略構想は、いわばスピード競争の様相を呈したように思える。

司組長が、六代目に上るわけになったが、山口組は今もってスピード競争の後遺症ともいうべき隠微な亀裂を抱えている。亀裂は今後広がるのか、癒着するのか、東京侵攻の成否を分けるかもしれない。

警視庁から流出した「金脈、人脈」データ

後藤組関連の大量情報

警視庁が署員のパソコンを通して、前代未聞の情報じゃじゃ漏れ事件を起こした。流出した情報はおよそ一万件、一GB以上の容量というから、実に単行本一〇〇〇冊以上の極秘情報が一挙に出回ったのだ。

しかも流出した捜査情報（組織対策一課情報とされる）は六代目山口組の舎弟、後藤忠政組長が率いる後藤組（静岡県富士宮市）関連が多く、その一部「関係者名簿」には約九〇〇人の後藤組関係者やフロント企業の役員、後藤組長の親族、「情婦」などが生年月日、現住所つきで網羅されている。「名簿」によれば後藤組長の「情婦」とされる女性は実に八人を数え、そのうち巨乳女優A、レースクイーン出身、グラドルから女優になったB、タレントCの三氏については「タレント」と注記するほど念が入っている。彼女たちがほんとに後藤組長の「情婦」なのか、そうでないのか真偽

不明だが、少なくとも警視庁が「情婦」と認定していることは間違いない。

現役野球コーチD氏も外車販売会社が後藤組のフロント企業とされ、その取締役だったことから後藤組のフロントと認定されている。

情報流出が明らかになったのは〇七年六月一四日だったが、次の一五日、後藤組の関係者は思いの外冷静にこう語った。

「後藤組の中じゃ、うちが一番情報集めで進んでるだろうけど、流出した関連データの全部をまだ集めきってはいない。中には入手はしたけど、開かないファイルもある。それを開けようと、今若い者がソフトを買いに走ったところだ。

一通り流出情報を集めたら後藤組本部に上げるつもりだが、親分（後藤組長）が昨日（〇七年六月一四日）保釈で出たことだし、親分をまじえて善後策を話し合うことになるだろう。警視庁に対して法的措置を執るといったところで、それは本部が決めることであって、私じゃ分からない。ただ組関係者はもちろん、周りの人に取り返しのつかない被害が及んでいる。警視庁はどう落とし前をつけるのか、正直、聞きたいところだ。

流出情報をざっと見たところ、警視庁はよくここまで調べたものと思う反面、古い情報やデタラメ情報が混ざっている。一回カネを貸して取り立てた先がフロント企業になってたり、手形を割り引いてやった会社が得意先企業になっていたり、ガセ情報が多い。こういうのは銀行から出た情報じゃないかと思うけど」

警視庁情報の流出という大失態はもともと北沢署の若い巡査長（二六）がエロ画像や動画を見たい一心で自分のパソコンにファイル交換ソフトの「ウィニー」を入れて楽しんでいたところ、ウイルスに感染。ウィニー経由でパソコンの中身が一挙にネット上にばらまかれたからだ。

ネット上には捜査情報と一緒に、この巡査長のエロ・コレクション、つまり尻フェチ、洋物─無修正、牝─しつけが肝心、女性器マニアの女体料理、後背位図鑑、天然乳戯、18禁ゲームSM鞭打ち、女子高生の尻と脚とオマンコ、セックス中毒スチュワーデス、などの恥ずかしい中身も大量にぶち撒かれている。

警視庁の嫌がらせ説も

おまけに情報流出で被害甚大なのは単に後藤組やその周辺層だけではない。同時に流れた「山口組関連場所一覧」と名づけたファイルが山口組の都内関連約一四〇〇ヵ所、後藤組の都内関連約一〇〇ヵ所について、事務所名や組織名、所在地、電話、構成員、使用車両まで一挙に丸裸にされたのだ。これで東京進出の山口組各直系組の企業事務所や責任者の住居は天下に公表されたも同然だから、今後のシノギに障《さわ》ることはいうまでもない。

「一覧」で名を出された直系組の幹部が苦々しげに言う。

「表に出ているのは住まいも事務所も移転前のもの。情報が古く、警視庁は数年前のデータを手入れしてない。とはいえ、被害は大きいですよ。銀行はこれを見て、今までの融資を引き揚げようとするだろうし、得意先は取引を打ち切りにするかもしれない。私なんかはヤクザだからまだいいけど、可哀想なのはフロントと間違われたカタギの会社だね。警視庁にどうしてくれるって、信用毀損《きそん》、名誉毀損の裁判を起こすんじゃないか。実際、起こして当然のガセ情報が多すぎる」

今回流出した情報は山口組や後藤組関係だけではなく、自動車ナンバーの自動読み取り装置（Nシステム）の設置状況、地下銀行やアングラカジノなどの摘発資料、個別事件の被害者情報など、個人情報保護の世論に逆行する事案ばかり。一回情報が出た以上、人の口に戸は立てられず、被害は回復しようがない。警視庁、あるいは警察庁は今後どう事態の収拾を図ろうとするのか、けだし見ものである。

しかしそれにしても國粋会を前面に立て、東京進出を着々と進める山口組には災難である。山口組の攻勢を受けて立つ関東の広域団体の手に情報が渡れば、直系組の都内事務所や住居がカチコミや待ち伏せ攻撃のターゲットになりかねない。そのため、今回の情報流出は山口組に対する警視庁の意図的な嫌がらせだと解説する向きさえ現実に出ている。

警視庁詰めの全国紙デスクが解説する。

「ＪＲ新宿駅南口近くの雑居ビルの虚偽登記事件で警視庁は後藤忠政組長を逮捕し、公判に持ち込んでいるが、後藤組長と共謀したとされた菱和ライフクリエイトの西岡進社長は無罪が確定、六月一五日には電磁的公正証書原本不実記録とその供用罪で逮捕・起訴された不動産会社の小笠原太視元社長に対しても、判決は後藤組長との共謀を認めず、無罪判決を言い渡した。

今回流出した後藤組情報は警視庁が絶対後藤組長を刑務所にぶち込むという意気込みの下、長年蓄積してきたものであり、その情報をもってしても後藤組長の有罪判決は難しい。

他の二人が後藤組長との共謀を否定されたんだから、後藤組長だけ共謀が認められる道理がない。

情報には有罪判決を引き出すまでの破壊力はないけど、世間に出ればものすごい嫌がらせにはなる。いわば、その程度の情報なんです。身辺情報のぶちまけといっていい」

警視庁は後藤組に対して、たとえ裁判では勝てなくても、情報戦で勝つということかもしれない。とばっちりを受けたのが前記の「情婦」たちや山口組である。

山健組・多三郎一家・後藤一男総長刺殺事件

山口組のお膝元、神戸でも、きな臭い事件が発生している。山健組系多三郎一家・後藤一男総長（六五）刺殺事件である。〇七年五月三一日夕方六時一五分ごろ、山健組の舎弟だった名古屋の多三郎一家・後藤総長が新神戸駅近くの路上で一緒に歩いていた六〇歳ぐらいの男に刺され、運び込まれた病院で息を引き取った。男は直後に逃走している。

多三郎一家は今や六代目山口組の牙城ともいうべき名古屋を地盤としている。山口組の現在の本流は司忍組長と髙山清司若頭を出した弘道会（名古屋市）だが、五代目山口組時代の本流はもちろん渡辺芳則五代目組長の出身団体である山健組（神戸市）だった。

両組織とも現在四〇〇〇～五〇〇〇人の組員を擁し、勢力はほぼ拮抗《きっこう》している。そのせいか、ともすれば両者間には対立と緊張が囁かれているが、そうした中、名古屋で一六〇人もの組員を擁する多三郎一家はさぞかし難しい組運営を迫られたはずである。

兵庫県警の捜査関係者が語る。

「刺殺事件の直後、後藤総長は山健組から破門されたばかりだという情報が飛び交った。しかし、今なお山健組から破門状は出されていない。単に多三郎一家の次の跡目が決まっただけだ。またその日のうちに六甲山麓で愛知ナンバーの盗難車が見つかり、捜査本部が押収したが、愛知ナンバーとはいっても弘道会系ではなく、むしろ多三郎一家との関係が濃いらしい。

今のところ内部犯行説が有力だが、捜査本部は事件発生後、一回記者発表しただけで、その後は何も発表していない。今後、事件の割れ方次第では山口組、あるいは山健組が大きく揺れる可能性もある」

なんだか奥歯に物の挟まったような言い方だが、多三郎一家総長刺殺事件はそれだけ根が深いということだろう。もちろん事件後すぐ事情通の間で飛び交った後藤総長の反弘道会的な放言と一家内での不人気、放言を記録したテープの存在、そのテープを山口組執行部が入手、執行部による山健組への事情聴取、後藤総長に対する粛清——といった一連の真偽不明情報も捜査本部には届いているようだ。

こうした情報は組の関係者や周辺層から不思議なほど同じような内容や形で通報されてきたという。だが、もちろん情報の信憑性は探りようもなく、今のところ無責任情報で終わっている。

事態をいっそう分かりにくくしているのはその後に決まった山健組の人事である。

「山口組本部の六月定例会（六月五日）では森田組・森田昌夫組長、堀組・堀義春組長、二代目稲葉一家・島村國光総長の引退が発表されましたが、次の日、山健組の定例会でも同様に人事の発表があった。それまでの山健組若頭・妹尾英幸妹尾組組長（岡山）が突然退いて舎弟頭に就き、新しい若頭には兼國会・山本國春会長（神戸）が就くと発表されたんです。しかもそれまでの若頭補佐連中はほとんど下ろされ、単

なる若中になりました」(山健組の情報に通じる関西の事業家)

今回の人事は暫定措置、近々本格的な人事を行うと、山健組では説明されたようだ。だが、それにしても、これまでの若頭補佐をほとんど全員ヒラの若中にというのはダイナミックすぎる。一体、山健組は何を狙っているのか。

先の捜査関係者も首を傾《かし》げる。

「ことによると後藤総長の刺殺事件をひきおこした首謀者あたりが若頭補佐クラスにいる疑いがあって、その人間を目立たないように引っ込めるため、総員、役を下りろっとなったのかもしれない。つまり山健組の執行部は今後、刺殺事件がどうめくれるか、息を殺して見守っているんじゃないかなど、捜査陣もこの人事ではあれこれ臆測をたくましくしている。正直言って狙いが分からず、狐につままれた気持ちだ」

別の見方もある。語るのは前出、関西の事業家である。

「山健組には二つの考えがある。一つは五代目時代の栄光を忘れて現体制と共同歩調で行こうという考え。もう一つは必ずしも意のままにはならない、五代目時代の栄光よ、もう一度という考えです。このことは山健組の若頭が替わったことにはっきり見て取られる。強硬派、柔軟派とのせめぎ合いというわけです」

もちろんこの見方に対しては、当たっていないとする反論が山健組の内外で強い。そう単純なものではないし、もっと別の事情があるともいうのだ。

はっきりと口にされることはないが、山健組は何か微妙な事情を抱えているらしい。後藤総長の他、今回、もう一人地方の直参が理由の開示がないまま破門されたとも伝えられる。

「今度の人事は山健組自体の人事なのか、それとも他の意を受けての人事なのか、ほんとの出所がはっきりしない。組内では情報コントロールが効いて、内部情報が外に出て来ない。ことによると山健組の指針を左右する問題が水面下にあるのかもしれない」(阪神のメディア関係者)

弘道会、山健組への影響

前記した流出情報の一つ「山口組関連場所一覧」で明らかになった弘道会の都内の活動拠点は七五ヵ所。対して山健組の都内拠点は二〇二ヵ所と圧倒的に多いが、この数字にはその後山口組の直系組織に昇格した極心連合会二四ヵ所、太田会(旧名太田興業)一〇ヵ所、大同会三ヵ所、木村會一二ヵ所が含まれているから、差し引き一五三ヵ所になる。おおよそ山健組は弘道会の二倍、都内に拠点を持ち、その分、今回の情報流出でその事実を一般に知られたことになる。

このことが弘道会や山健組にどう影響するのか、当分の間、目が離せそうにない。

急激に変わる古参組長の立場

直参の「参勤交代」状況

全国の組員の二人に一人は山口組系だといわれるほど、山口組のひとり勝ち情況が続いている。当然、個々の直系組長たちの懐もうるおっているはずと思いがちだが、「カネ詰まりはよその組と一緒」らしい。

山口組の内情に通じる関西の実業家が指摘する。

「一線を退きたい、山口組から足を洗いたいと考えてる直系組長が多いんじゃないか。直系組長を続けているかぎり月々一〇〇万円前後の会費やつき合いのカネから逃れられない。

やめれば払わなくてよくなるし、だいたい本部から一億円近くの退職金というか、功労金がもらえる。これはおいしい。やめる手だと考えるわけ。

だけど、やめるつもりがない直系組長たちにすれば、仲間にやめられるのは迷惑です。一人でも多く山口組に残っていてもらいたい。というのは、直系組長が一人やめれば、一直系組長当たり一〇〇万円の臨時徴収を納めることになる。

少し前まで直系組長の数はおおよそ一〇〇人だった。一〇〇人が一〇〇万円ずつ出して総計一億円、それがやめる組長に渡されるわけだから、これ以上臨時徴収されたら敵《かな》わないと考えている。

要するにやめたい直参も、ヤクザを続けたい直参も、考えるのはカネのことだけ。何ごとも損か得かで考えなければならないほどカネに詰まってるわけだ」

〇七年、山口組の直系組長は九五人である。最盛時には一二三人もいたから、かなり急激なスリム化であり、少数精鋭化といえる。だが、それに見合って本部経費の一人当たり負担額が増えれば、手放しで喜んではいられなくなる。

「直系組長たちの嫌気を誘っているのはカネだけじゃない。時間も自由にならない。というのは、特別な役職に就いてない直参でも平日、若頭が神戸の本部に詰めている間は、特別に用がなくても、本部に出かけ、本部にいなければならないような雰囲気がある。

直参たちは若頭が夕方本部を出るまで、なんとなく本部でたむろし、若頭が帰った後、ようやく帰り支度を始める。実際ヤクザじゃなく、サラリーマンみたいなもんです。おまけにこういうことをしているから、自分のシノギを手掛けられない。時間と手間暇、掛けられなくなるわけです」(先の実業家)

北海道や九州など遠隔地の直系組長たちは平日の間、神戸にいっぱなしになるから、神戸滞在用の宿舎まで手当てし始めているという。

市内の有名ホテルはいつもいつもいい顔をして泊めてはくれない。だいたい直参ともなればおつきの若い者が多いから、ホテル代が巨額になる。経費節減の意味もあって「神戸宿舎」を手当てするわけだろう。

これで思い出すのは江戸幕府が諸国の大名に課した「参勤交代」である。長い行列をつくって国元—江戸間を往復したことも大名の経済力をそぎ落としたとされる。

弘道会ゆずりの物品販売

「それは違う」

と言下に否定するのは某幹部である。

「仮にも山口組の直参なら、誰か有能な者を立てて自分のシノギをこなさせるぐらいの器量がなければならない。いちいち自分でシノギに取り組むなどは無能の証拠っていう考えです。直参をいじめる気持ちなど、これっぽっちもない。本部でやっている水や日常雑貨の販売も助け合いが目的。直参たちに売って儲ける考えなどない」

〇六年から山口組本部は専用の商品パンフレットを用意し、直系組長たち相手に、ボトル入りの飲料水や歯磨き、シャンプー、石鹸、洗剤、ティッシュペーパー、ボールペン、タバコなど、日用雑貨の類を毎月五〇万、一〇〇万円の単位で販売している。

たとえば水は岐阜県関市で採水、ペットボトル詰めしたもの。五〇〇ミリリットル入りのボトルで、一ケースに二四本入っている。売買の最少単位は一〇ケースで、これで三万一二〇〇円。一本が一三〇円の計算になり、安いか、高いか微妙な値段である。

だが、直系組長たちにすれば、毎月、無理をしてでも大量に買い込み、それを傘下の組織に流している。だが、毎月のことだから、直系組の本部事務所も傘下組織も捌き切れない。持っていってくれと一般人にさえ頼み込む状態が続いている。

「日用品の販売は名古屋で始めた互助会に由来しているらしい。それをそのまま山口組本部に持ち込み、全国版に拡大した。しかし直系組とはいっても、三〇〇〇人、四〇〇〇人の大組織もあるし、傘下組織合わせてわずか数十人といった小組織もある。買い手の中の最大は、毎月一〇〇〇万円ずつ買ってると噂されてます」（中堅組長）

中央集権化の反動

もちろん準構成員を含め、全国にメンバーが四万人もいる山口組が完全に一枚岩であるわけがない。中には現在の山口組に批判的な組員もいる。

「今の山口組は中央集権で、末端組員の生年月日や血液型まで本部に届け出なければならない。下の組織が組員を破門したり、絶縁したり、除籍したり、そのときどきいろいろな理由で処分するわけだが、その処分理由は何かなどと問い合わせてくる。なんで本部がそこまで知る必要があるのか、驚きます。

あげく社員証ならぬ組員証を持ってないと、山口組本部にさえ入れない。連れが持っていれば連れだけ入れて、持っていない者は車から出るな、車を路上に停めて車の中で待て、ですよ。しかも高山若頭が外出するときは先遣隊《せんけんたい》が出る。近くのコンビニで雑誌でも立ち読みしていようものなら、先遣隊が近づいてきて『失礼ですが、どち

らのお身内ですか』と聞く。国賓並みの警戒です」（首都圏在住の中堅幹部）

髙山若頭とすれば、服役中の司忍組長の留守を守る立場である。自分の身に万一のことが起きれば六代目体制は揺るぎかねない。安全に神経を使うのは若頭として最低限のつとめと反論するだろう。

だが、親の心、子知らずというべきか、現状はがんじがらめ、こうまで管理されてヤクザはやってられないと反発する組員たちがいる。

その一例が〇七年五月三一日、神戸市の路上で刺殺された山健組系の多三郎一家・後藤一男総長（名古屋）だったと捜査関係者の間から漏れ伝わってきた。犯人は特定されていないものの、この事件を捜査関係者は次のように分析した。

「後藤総長は『山健組に非ざれば山口組に非ずとまでいわれた過去の栄光よ、もう一度』と考えていた人で、現体制が不満でしょうがなかったらしい。殺されるちょっと前、後藤総長は親しい者と電話で話した。日ごろから歯に衣《きぬ》を着せぬ物言いで知られた元総長は、電話でも現体制に対する批判を繰り返したらしい。

これがテープに録られ、後藤総長を処分した。ところが処分直後に後藤総長は刺殺されてしまう。金銭のトラブルを抱えていたなど犯人像は諸説あるが、この流れが事

実だとすると内部犯行説も浮上するわけです」（捜査関係者）
後藤総長は山健組の中でも古参であり、組内には後藤総長に意見をできる組員がいなかったともいわれる。
こうした不満は山口組の一部組織に広がっているらしい。後藤総長の刺殺から一週間後、山口組系組長（五七）が拳銃で頭を撃ち、自殺したが、実はこの組長も組の枠を越えて、後藤総長と意見を同じくしていたとされる。
「現体制で進められている中央集権化はヤクザを殺してしまうと危機感を持っていた。自分は口だけで現状を批判するんじゃない。行動で示す、ヤクザの歴史に名を残すんだと言い、現実に四丁ほど拳銃を用意し、弾丸を蓄えていた」（組長をよく知る事業家）
しかし組長にも組からの処分が取り沙汰され、続いて神戸で後藤総長が破門された。これで包囲されたような気分になったものか、組長は行動に出る前に自害する道を選んだといわれる。
死人に口なしである。事実の真偽は確かめようがないが、事態はかなり深刻化しているのかもしれない。

「後藤総長を誰が殺したのか。残念ながら、事件は迷宮入りになるかもしれない。最近、この手の、なにがどうなのか、外部にはうかがい知れない不透明、不明朗な事件が続いてます。ある日突然、組幹部の姿が消える。蒸発したのか、殺されて山中にでも埋められたのか。

その幹部と親しかったはずの仲間に聞いても、『さーどうなったか。わし自身、気になってるけど、ぷっつり消息がないんですわ』と口を濁す。東京でも住吉会系小林会幹部射殺事件の犯人が挙がってないけど、ヤクザがらみの犯人が挙がらなくなっている。ヤクザがマフィアになったってことかもしれない」（捜査関係者）

組長引退後の生活

古参組長は昔がどうだったか、よく知っているから、事態の流れが見える。現状がどうか判断できるから、自然口数も多くなる。現在の主流派にとっては面倒だから「引退」や「抹殺」の道を用意することになるのか。

もっとも自分から進んで引退を考えられる今は逆に恵まれているという意見もある。関西ではとりわけヤクザの組長が引退したくなっても、うっかり引退できない事情があったらしい。内情を明かすのは関西の中堅幹部である。

「引退して、余生をゆっくり過ごしたいと考えたとする。しかし辞めれば、それまでの若い者や舎弟が借金を頼みに来る。表面は『カネを貸してくれ』だけど、実際は強請《ゆす》りと一緒だ。『カネを出せ。出さなければ命をもらう』といった気持ちであることはわかりきってる。

引退した者としては、もちろん断りたい。だけどそのときには若い者が周りにいない。盾になってくれる者が誰もいず、丸裸だ。結局は命惜しさにカネを出し、無一文になるまでむしられ続ける。これが嫌だから、今までは死ぬまで引退せず、組長の椅子にしがみついていた」

これに反して今は功労金まで出る。恵まれているというのだ。だが、どちらにしても非情な世界である。たいていの人がヤクザ界では「親分の権威が絶対」と信じ込んでいるようだが、事実は逆、親分だろうと古参組長だろうと利用できるうちが花、不要な者は蹴っ飛ばせが実態かもしれない。それだけヤクザ世界でも貧困化が進んでいるということかもしれない。

陣地固めと組織の精鋭化

勢いを見せる「三羽がらす」

東京では、山口組の中でも特に勢いがよく、目につく直系組の組長三人に注目して「三羽がらす」と呼ぶらしい。ヤクザ界と警視庁の両方に太いパイプを持つ都内の事業家が指摘する。

「山口組の髙山清司若頭が率いる弘道会（愛知）、入江禎総本部長の宅見組（大阪）、それと橋本弘文若頭補佐の極心連合会（大阪）、この三つが都内では断然目につく。最近、目に見えて東京進出を強めてます。

もちろん銀座に飲みに来ている山口組の直参連中は多いけど、系列事務所の都内進出という点では、三団体以外は、逆に一時期より減ってるんじゃないか。山口組執行部の考えはわからないけど、東京にはこの三団体以外はなるべく出るなって指導してる可能性がある。

他に目につくのは太田守正会長の太田会（大阪・生野）ぐらい。以前は東京でひどく目立った山健組（神戸）や後藤組（静岡）は今、手控え気味だ。同じ山口組の系列でも中をよく見ると、入れ替わりがある。それと言い忘れたけど、山口組でも國粋会は別格。もともと都内の繁華街が縄張りだから、どこに遠慮することもない。このところの組員増と勢いのよさは当然でしょう」

そのせいなのか、都内では〇七年二月西麻布での事件以降は、山口組と関東勢との衝突はほとんど報じられていない。もう少しドンパチがあっても不思議はないが、両者とも音なしの構えである。

西麻布での住吉会系小林会幹部射殺事件の犯人が不明のまま、両者は和解し、今なお犯人がどこの誰か割れていない。警視庁の捜査員は七割方、実行犯は「山口組系の組織から依頼を受けた中国人」説に傾いているとか。真相解明を半ば投げ、笛吹けど、捜査員は踊らず状態が続いているとされる。

「実際、刑事のやる気や捜査力の衰えは目をおおうほどです。ちょっと前までマル暴担当の刑事ともなれば、捜索令状もなしにヤクザの事務所に押し掛け、組員たちが『令状、持って来んかいっ！』と阻止しようとしても、『やかましいっ！　この野郎、パクられたいのかっ！』と怒鳴りあげて、室内に押し入ったもんです。今の三〇代、四〇代の刑事は令状なしだと組員に言われると、すごすご引き返す。一事が万事、この調子で、ハナからヤクザに対して腰が引けている。

一方、団塊世代のベテラン刑事たちはどんどん退職している。前とちがって早期退職の勧奨などしないで『もう少し残ってくれ』と引き留めてはいるんだけど、五八〜五九歳になると、どうしても一線を退くから、率先垂範して強いデカを育てることができない。

結局、新しい捜査手法や、まるきりの新法を用意して、暴力団に当たるしかないかって雲行きになってる」（先の事業家）

警視庁がこういう状態なら、山口組が精鋭を選りすぐって注意深く東京に兵を進めていけば、首都圏を征圧する確率は高いと見るべきだろう。すでに前記「三羽がらす」の一部は六本木など、関東勢の中枢部に「組」的な事務所を開くなど、陣地固めに入っている。

都内「事務所」の台頭

ヤクザが開く事務所には「組事務所」と「企業事務所」がある。このうち金融や不動産、物販など企業活動に伴う事務所は以前からどこでも自由に開設できた。山口組が東京に設置するのも自由、逆に住吉会が神戸で営業するのも自由。全国どこでも誰にしろ営業の自由はあるわけで、それはヤクザも同じという理屈である。

だが、組事務所を相手の勢力圏内に開くことは喧嘩を売るのと同じことになる。山口組が東京で組事務所を開いて若い者を詰めさせれば、住吉会や稲川会など関東二十日会に加盟する団体は黙っていない。まして開いた組事務所が実際に組員を動かし「カスリ」を取る、つまり賭博の開帳、アングラカジノの直営、風俗店や飲食店などからの用心棒代などの取り立て――などを行えば、モロに縄張りを侵すことになる。

〇七年八月二三日、警視庁の山口組集中取締特捜本部が台東区千束に住む山口組系組長（五六）を東京・吉原のソープランド「リバティー」の経営者から用心棒代を取っていたとして、組織的犯罪処罰法違反（犯罪収益等収受）の疑いで逮捕した。

この山口組系組長は〇二年にも同店から収益の一部を受け取っていたとして同法違

反容疑で逮捕、実刑判決を受けたが、交代した次の経営者にも「前のように付き合ってくれ」などと用心棒代を要求していたという。

事件によれば、山口組はすでに性風俗店から用心棒代を取るほど東京で我が物顔をしているともいえるが、注意すべきは國粋会系も〇五年から「山口組系」と記されることである。國粋会が吉原のソープランドから用心棒代を取っても不思議はないし、浅草三社祭で神輿を担ぐ同好会を「山口組系列」が組織し、資金源にしていたところで、それが國粋会なら理解できないことではない。

夜の銀座が変わってきた

だが、山口組の東京進出は博徒の本筋というべき部分で進んでいると指摘するのは、銀座の高級クラブをよく利用する投資顧問会社の役員である。

「一月ほど前、いつもぼくについているホステスから言われた。『ベイエリアの方に面白い遊び場ができたみたい。アフターで連れてってくんない？』って。店を出た後、女と行きました。目的地の近くで女が電話し、すぐ黒服が迎えに来た。案内されたのはえらく豪華なマンションのワンフロアー、バカラ三台のアングラカジノでした。三台ともかなり客がついている。女が賭けたいというので、女の財布を見たら二万円しか入ってない。二万円でチップ一枚が一万円のバカラをやろうたって無理です。見かねて持ち合わせの一〇万円を貸してやった。もちろん女は五分ともたずに負けです。

自分の財布の中にはまだ一〇万ぐらい入っている。で、女にやらせるより自分の方がマシかと思い、自分でやりましたよ。やはり一〇分ですっからかん。そしたら案内に来た男が『チップ回しましょうか』というんで借りて賭け、結局、この日、二時間足らずで二〇〇万円の借金です。

場では一〇〇〇万の単位でチップの山が動いてる。こっちの金銭感覚がおかしくなり、そのときは二〇〇万なんてはした金って感じだったけど、後でぼくが返済に苦労する。完全にその場の空気に飲まれていました。

帰り道、女に聞いたら、店に来る山口組の幹部と目される男から『カネ持ってる客を紹介してよ。キックバックする。得じゃない？』って誘われたらしい。なるほど山口組はここまで銀座に食い込んでるのかって、反省しきりです」

たしかに、こうした女性を商売のためのアンテナやガイドに仕立てるなど、やり口は巧妙である。しかも、アングラカジノなら警察に摘発されないかぎり、月一〇億の単位で利益が出る。多くの店から用心棒代やミカジメを取り立てるより、数倍、数十倍も効率がいい。

同じように山口組の傘下組織が歌舞伎町などで経営するといわれるホストクラブも一面、情報収集の役割を担っているらしい。

ホストクラブでは今もって客の八〜九割が風俗嬢、でなければ銀座、六本木、赤坂、池袋辺りのクラブやキャバクラのホステスと言うのは、歌舞伎町の事情に通じる不動産業者である。

「ホストたちは客のホステスから、彼女の顧客の誰がカネを持ち、どういう商売をしているか、男の弱みは何か、などを探ります。情報を摑んだ上で、女を通じて顧客の男からカネを引かせる、場合によっては美人局《つつもたせ》を演じる、直接ホストが乗り込んで男を強請る。系列のアングラカジノや賭け麻雀に誘い込むといった工作をします。ホストにとって客の女は金づるであり、情報源なんです」

夜の銀座を仕切っているのは住吉会系の小林会だが、西麻布事件の後、同じ住吉会系の幸平一家、中でも加藤連合（新宿・歌舞伎町、加藤英幸組長）の幹部たちが、目立たない形で要所、要所の店に顔を出しているという。

「これは銀座を山口組の思い通りにはさせないという意思の表明です。銀座を住吉会の空白区にはしない。なにしろ銀座といえば、住吉会・福田晴瞭会長のお膝元、ここを山口組の思い通りにされたら、住吉会の本体が揺らいでしまう。加藤組長はもうじき幸平一家の跡目を取ります。もちろん住吉一家には入らないけど、住吉会を背負って立つ人間として住吉会の要職につくことは、福田会長とも話し合いができているらしい。加藤組長は山口組にも顔が広いから、前面に出てくると、山口組としてもやりにくいはず」（前出の事業家）

新陳代謝で体質改善を図る

広く首都圏を見ると、仙台では弘道会系がじりじり勢力を広げているとされる。水戸では七月三一日、山口組の小西一家系二代目堀政連合の幹部ら二人が松葉会系茨城松誠会國井一家の幹部に刺殺された。水戸の事件は堀政連合からの報復がないまま、両組織の和解が成ったようだが、首都圏では必ずしも山口組系列が押せ押せというわけではない。

九州に目を転じると、一年前道仁会（松尾義久会長）から離脱して独立した九州誠道会（村神長二郎会長）の幹部が相次いで殺される事件が発生している。六月一三日には最高幹部の一人である鶴丸善治相談役（鶴丸組組長）が漁から佐賀県久保田町の船着き場に戻ったところを襲われ、全身二〇ヵ所以上を刺されて殺害された。同月一九日には入江秀則幹部が熊本市西原の自宅で頭を銃撃された上、背中を刺されて殺された。

九州誠道会は道仁会と抗争状態にあったから、道仁会の攻撃と見るのがふつうだろうが、道仁会はうちがやったのではないと否定している。周知の通り、九州誠道会は山口組系の山健組ととりわけ縁が深く、村神長二郎会長は山健組の井上邦雄組長と兄弟分、浪川政浩理事長は山健組の山本國春・兼國会会長と兄弟分である。山健組は九州誠道会の葬式には多数組員を弔問させているが、かといって九州誠道会を積極的に守ったり、応援したりは出来ないでいる。執行部の方針が道仁会と九州誠道会のどちらにも与しない、両会から等距離、中立をモットーとしているからだ。

全国の動きを通して見て言えることは、六代目山口組が短兵急《たんぺいきゅう》には全国征圧を進めていないことだ。服役中の司忍組長が全国を統一する構想を持ったにしろ、急激に、他団体の反発を呼び込む形で動くつもりはない。

山口組は内部で新陳代謝を進めつつ、他団体に働きかけていく思惑と見える。山口組丸ごとをそのまま肯定していない。傘下の中で老化した組織、虚弱な組織、贅肉や脂肪で肥大した組織は徐々に改善を迫るか、名誉ある退場に道を開く。筋肉と神経組織をきちっと整えた上、軍律厳しい部隊だけを東京に降下させる腹なのだろう。だからこそ今、東京で目につくのが國粋会と前記の「三羽がらす」なのではなかろうか。

山口組は神戸市灘区の総本部駐車場に鉄筋二階建て、地下一階、延べ床面積一二四〇平方メートル、ホテル風の個室と一〇〇畳敷きの大広間を備えた新本部を建設する計画を立てていた。神戸市が認めず、計画は白紙撤回されそうだが、ここに窺われるのは自給自足できる王国の建設である。催しの際、会場難に困らない、執行部や直系組長が本部に参集するとき、宿舎難に困らない、兵庫県警の嫌がらせをはねのけられる施設を、というのがコンセプトだったはずである。

計算すればわかるが、一二四〇平方メートルでは、直参九三人を一人一人収容できる個室の設置は不可能である。ここでも東京進出と同様、贅肉を落とした精鋭部隊の発想が窺える。それが来たるべき警察との全面対決に向き合う山口組の備えかもしれない。

中野太郎（元中野会会長）宅見若頭暗殺を語る

事件三日後に破門処分

〇七年八月一八日、九州では武闘派で鳴る『道仁会』の会長が、おそらくは『九州誠道会』のヒットマンの手で射殺された（後述）。いきなり敵のトップやナンバーツーを急襲して殺害に成功することは暴力団社会でも稀な出来事にちがいない。

ちょうど一〇年前の九七年八月二八日、神戸では『山口組』のナンバーツーである宅見勝若頭が『新神戸オリエンタルホテル』（兵庫県）四階のティーラウンジで雑談中、不意を突かれ射殺された（享年六一）。襲ったのは中野太郎若頭補佐（六〇歳・当時）が率いる『中野会』の襲撃班だった。

当時の山口組中枢部の力関係を簡単に示せば、渡辺芳則組長（五六歳）は担がれたみこしだった。宅見若頭は渡辺五代目を実現した実力派経済ヤクザとして、さらに山口組を牛耳ろうとしていた。中野若頭補佐は渡辺組長がただ一人頼りにする武闘派の権化《ごんげ》だった。

今、中野太郎元会長は関西のある病院で療養中である。病室に訪ねると、長身をベッドに横たえ、顔色はきわめていい。〇三年一月脳梗塞で倒れたのだが、言葉はやや明瞭さを欠くものの不自由ではない。

「何でも質問して下さい。正直に答えますよ」

澄んで穏やかといっていい目の色である。

〇五年八月中野会を解散し、自らも引退したから、差し障るところは少なくなったにちがいない。今なら率直にありのままを話せるはずと踏んで、インタビューにこぎつけたのだが、どうやら期待はかなえられそうである。

中野太郎元会長が初めて真情を吐露する——。これまで閉ざされていた現代史の闇の部分にいくぶんか光が差し込むはずだが、なにぶん一〇年も前の事件である。記憶を喚起する意味でひととおり事件の経緯を踏まえておこう。

襲撃班はいずれもつば広の野球帽をかぶった四人組で、四五口径と三八口径の二丁の拳銃を使用、数発を宅見若頭に命中させた。直接の死因は失血死である。

山口組の幹部会は、宅見若頭と現場のティーラウンジで面談していた岸本才三総本部長（六九歳・当時）などの主張を入れ、九七年八月三一日中野太郎会長を破門処分にした。

このとき兵庫県警はどこの組織が襲ったのか、まだ把握せず、発表もしていなかったが、山口組の幹部会は警察の捜査結果に先立って中野会の犯行とほぼ断定、渡辺組長の反対を押し切って中野会長を破門した。

三日後、たまたま現場に居合わせて流れ弾が命中、入院していた歯科医が死亡した。山口組幹部会は市民を巻き添えにしたことを重視し、中野会長の処分を破門よりさらに重い絶縁に切り替えた。絶縁は生涯山口組に復帰させないというもっとも重い処分である。

単独会見で犯行を否定

中野会長は終始、中野会の襲撃班が宅見若頭を殺害したのではないと否定し通した。次の年の三月、『週刊文春』（九八年三月二六日号）は須田慎一郎氏をインタビュアーに立て「中野太郎単独会見記」を実現、掲載している。

中野会長は沈黙を破ったわけだが、ここでも「宅見射殺事件には無関係」と否定を貫いた。「単独会見記」から関係部分を引用してみよう。

〈――中野会は本当に宅見若頭射殺事件と関係ないんですか。

「はい（頷く）」

――中野会長が宅見若頭射殺の指令をだしたことはないんですね。

「ありません」（略）

――それなら、なぜ、絶縁処分になったんですか？

「あんなもの、勝手に（山口組）執行部が出しよった。『何考えとんねん』ということですわ。まあ、親分（注・渡辺芳則組長のこと）一人対執行部十何人で押し切られたというのが真相と違いますか」〉

こうして中野会長は、宅見射殺事件は中野会のしわざではないと頑強に主張することで世論をミスリードした。

だが、その年（九八年）七月、中野会若頭補佐（『壱州会』会長）の吉野和利が逃亡先の韓国ソウルで変死体で発見された。吉野は宅見射殺事件全体の首謀者と、後に判明した男である。

同年一〇月には襲撃班の一員だった中野会系『三笠組神戸総業』の若頭補佐だった

中保喜代春が兵庫県警に逮捕され、全面自供に追い込まれた。

実行犯は中野会系『加藤総業』の鳥屋原精輝、中野会系『誠和会』の川崎英樹、中野会系『至龍会』の吉田武、そして中保の四人であり、首謀は前出の吉野和利、現場指揮は中野会系『財津組』組長・財津晴敏と判明した。

九九年三月、兵庫県警は宅見若頭の射殺は中野会の犯行と断定した。同年五月、中野会若頭補佐の金山義弘（『金山組』組長）が京都で『宅見組』系組員に撃たれ重傷を負った。九月には若頭の山下重夫（『山重組』組長）が大阪・生野区で同じく宅見組系組員に射殺された。

〇二年四月には中野会副会長・弘田憲二（『弘田組』組長）が沖縄で山口組系『天野組』組員に射殺された。

この間、終始、中野会が山口組に復帰するのではないかという臆測が流れた。渡辺芳則山口組組長が中野会長の復縁を諦めない、そればかりか渡辺組長は宅見若頭の射殺を事前に承知していたのではないかとのウワサが根強く流れ続けた。

だが、その渡辺組長も〇五年七月に引退、六代目組長の座を司忍『弘道会』総裁に譲った。翌〇六年六月には襲撃班の一員だった鳥屋原精輝の死体が神戸市六甲アイランドの貸倉庫内で発見された。

こうして宅見勝若頭襲撃事件は事実上終わった。襲撃に関与した一部組員は逮捕され、事件の構図がある程度解明されたが、変死や病死などの形で真実を彼岸に運んだ組員も多い。だが、いずれにしろ宅見射殺事件は一〇年という歳月に晒《さら》され、骨のように白く風化したといえるかもしれない。

「やめときゃよかったなあ」

中野元会長のインタビューに入ろう。

——宅見若頭射殺事件に入る前のこととして、宅見若頭とは一緒にやっていけないような因縁があったんですか。

「前年（九六年）ごろ、こういうことがあったんですわ。宅見が私に会いたいって言うてきたんです。で、会うと『カネあるでえ。あって邪魔なもんやなし、要るなら回すでえ』って。わしは『ふ〜ん』言うて、話に乗らなかったんですわ。

そしたら『カネが要るなら、いつでも言うてくれたら、すぐ現金で、本部からトラックで運ぶからよ』って。結局、カネを出してでも、わしを仲間にしたかったんやな。親分（渡辺芳則組長）を放り出して新体制をつくる考えをもっていたわけや」

——それは渡辺組長に対するクーデター計画だったわけですか。

「そうや。宅見はわしを仲間に入れたかった。わしは言うたわけや。『どっちにしても親分についていく立場なんやから、オレにそんな話言わんといてくれ』って。最後に、わし言うたわ。

『悪いけどオレ断るわ。その話（クーデター計画）、オレに言わんかったことにしてくれ』って。そしたら宅見はプイッと立って、山口組本部の五代目がおるとこ、奥の院っていうんです。一番奥にあるからね。『中野、中野、オレちょっと奥の院行ったら、あの野郎蹴っぺ返して（蹴っ飛ばして？）くるから、あんたはなんやかんや言わんといてや』って」

——つまり宅見若頭が渡辺組長を蹴っ飛ばすという意味ですか。事実とすれば驚きます。

「いやあ、それを私に言うんです。『オレ、蹴飛ばすからな』って。『アンタの好きなようにしたらエエやん』って言うたら『ほんまあ？』言うたわ。したいんやったら一人でやったらええ。それ以上オレに言わんといてくれやって、わし言いましたわ」

九六年七月、中野会長は行きつけの京都府八幡市の理髪店で散髪中、突然車で乗りつけた『会津小鉄』系の組員六〜七人に銃撃された。中野会長に付き添っていたボディガード役の組員髙山博武がその場で応戦し、逆に会津小鉄系の組員二人を射殺した。

――宅見若頭の話を断ったから、京都の理髪店の事件が起きるんですか。

「ホンマの話です。（クーデターの誘いを）断ったら、散髪屋の事件が起きた。私もバカじゃないから、だいたいわかるわね。昨日今日の問題でもなかったから。『あんちきしょう、やってきやがったな』って。やられたらやり返すのがヤクザの常套《じょうとう》手段やから。わしはせないかんねん」

――その上、宅見若頭が中野会長に何の断りもなく、会津小鉄と手打ちしたわけですか。

「あのね。手打ちのおカネがどっかへ消えてしもうたんですわ。四億か五億あったと聞いてます。わしには一円もなしですわ」

――そんなこんなで宅見若頭射殺事件を起こすわけですか。中野会の若い人たちが自分たちの考えでやったというわけですね。

「まあ、そうなります。建て前はね」

宅見若頭射殺事件の時効はまだだから中野元会長としても、おのずと発言は制限される。

「こんな病気（脳梗塞）になるんやったら、宅見の事件なんかやめときゃよかったなあ」

と最後に述懐した。

道仁会・松尾会長射殺事件

中野元会長に質《ただ》したいところは多々あるが、他日を期すことにしよう。

一方、道仁会―九州誠道会抗争もまた最後、両当事者に「やめときゃよかったなあ」と思わせるかもしれない。抗争の経緯はどうなのか。

九州最多の構成員を誇る『道仁会』（本部は福岡県久留米市、約九一〇人）松尾義久会長（五六歳・旧姓は大中）は〇七年八月一八日の夕方、福岡市中央区黒門の住宅街に車で到着した。車は愛人が運転し、愛人の住むマンション前に停められた。

松尾会長が助手席を出て路上に立ったとき、追尾してきたワゴン車の男も下りた。

男は背後から松尾会長に近づき、三発の銃弾を浴びせた。銃弾は頭や腹などを貫通し、松尾会長は即死同然に絶命した。

道仁会は『九州誠道会』（本部は福岡県大牟田市、村神長二郎会長、約四四〇人）と抗争中である。

道仁会は武闘路線反権力、反警察の姿勢で知られる。二〇年ほど前、八六年から八七年にかけては山口組系組織を相手取り、九州四県で七七件、死者九人を出す熾烈な抗争を繰り広げた。初代・古賀磯次会長が組織の基礎を築きあげ、九二年、松尾誠次郎幹事長に二代目会長の座を譲った。

だが、〇六年五月、松尾会長は突然引退を発表し、後継会長に大中（松尾）義久・二代目松尾組組長を指名した。五月二三日、大中組長は道仁会三代目会長を継承したが、最大の傘下組織である三代目『村上一家』（大牟田市、村神長二郎総長）など数団体がこの後継人事に反対した。

村神総長らは道仁会からの離脱を表明し、〇六年七月新たに九州誠道会を旗揚げした。すると道仁会執行部は、早くも五月の段階で村神総長ら最高幹部に対し「絶縁、九州所払い」の処分を下し、離反への対抗策とした。

こうした流れから道仁会vs.九州誠道会の抗争が始まり、〇六年中に抗争件数は一〇件を超えた。

抗争が本格化したのは〇七年六月からである。同月一三日、九州誠道会の最高幹部の一人である鶴丸善治相談役が漁から佐賀県久保田町の船着き場に戻ったところを襲われ、全身二〇ヵ所以上を刺されて殺害された。同月一九日には入江秀則幹部が熊本市西原の自宅で頭を銃撃された上、背中を刺されて殺された。

両事件とも犯人は未逮捕である。すでに抗争で犯行声明を出したり、実行犯を警察に自首させたりする時代ではない。

その後、九州誠道会側の報復攻撃とも見られる今回の道仁会・松尾義久会長の射殺事件に至った。

九州のほかの暴力団は今のところ抗争を静観しているが、近々一方に味方するとも伝えられる。酷暑の夏、血を血で洗う殺し合いはやまない。

「山口組」「非山口組」の境界線

色分けが進むヤクザ界

全国のヤクザ組織は山口組に対して、どっちつかずの態度を取れなくなってきたようだ。山口組のシンパであるのか、それとも山口組のシンパではないのか。この二つ以外の中立や態度保留、様子見、日和見《ひよりみ》は「どっちかにしろ」と迫られかねない。つまり全国ヤクザ地図は山口組色か、非山口組色か、はっきり色分けが進んできた。

在京の広域団体幹部が語る。

「東京のヤクザで、未だに山口組の息が掛かっていないのは住吉会と極東会だけでしょう。松葉会も〇七年九月中ごろ、山口組の幹部と食事会を行い、以降、親戚づきあいで行こうとなったようだ。ことによると、会津小鉄会と同様、代紋違いの兄弟盃を交わすことになるんじゃないか。國粋会は山口組の舎弟（直系組織）だし、東亜会と双愛会は司六代目が後見人だ。稲川会は前々から山口組と親戚づきあいで、双方の有力組織の若頭同士が兄弟盃を交わしている。

というわけで、東京も関東も急激に山口組の色に染められている。非山口組の住吉会も極東会も山口組に呑み込まれてしまうという危機感をもっている。『非山口組』は『反山口組』じゃないわけだが、ややもすると、そう取るのではというイメージがある。相手が山口組だから、決してうかうかできない」

今年七月末、土地取引のトラブルから山口組系小西一家の有力組織幹部らを含む二人が松葉会系茨城松誠会國井一家の幹部に刺殺される事件が起きた。事件直後、山口組は松葉会と手打ちし、今回の食事会―親戚づきあいへと運んでいる。敵失を手玉に取った見事なまでの外交手腕である。

だが、九州では関東とは逆に、非山口組の方から旗幟《きし》鮮明にする動きが出ている。

「道仁会vs.九州誠道会抗争」の影響

八月一八日夕方、福岡市中央区の路上で道仁会の松尾義久会長が何者かに射殺されたが、(一〇月四日、九州誠道会系組員・岡久伸容疑者が〈自分がやった〉と大牟田署に出頭した）この事件をめぐり、道仁会は、対立する九州誠道会（村神長二郎会長）に味方する組織があれば敵対行為と見なすと表明した。九州誠道会ととりわけ縁が深いのは山口組の中でも山健組である。だが、山口組総本部は両者の対立は山口組と無関係と通達しているから、山口組系の組織が九州誠道会に応援部隊を派遣することはあり得なくなった。

福岡県の「指定暴力団」には道仁会の他、工藤會、福博会、太州会がある。いずれも地元に根ざした強固な組織であり、九州誠道会の道仁会からの離脱と、両派の対立抗争を対岸の火事と見守るわけにいかない立場にある。いつ火の粉が飛んできて類焼の憂き目をみるか、分からないからだ。

このうち福博会（長岡寅夫会長）は山口組の司組長が後見し、山口組の新年会に出席するなど、山口組色が強いが、いずれにしろ地元組織とすれば、松尾会長射殺事件をきっかけに、道仁会に味方して九州誠道会攻撃に加担するか、積極的に調停を買って出て両派の間に立つか、どちらかのはずである。

だが、これらの団体は「道仁会と九州誠道会との抗争はあくまでも九州の問題、他地域の組織が介入することは許さず」と、改めて九州モンロー主義を強調している。

隣県の熊本連合も同様である。

九州勢の本音は、道仁会—九州誠道会の対立抗争をきっかけに、どこの団体も九州に兵を進めてほしくないということだろう。山口組とは一線を引き、九州は九州でやっていくという意思表明であり、非山口組であることの声明といえるかもしれない。

他方、中国・四国地方は山口組色が強くなっている。同地域の五団体は親睦組織「五社会」を結成しているが、加盟する共政会（守屋輯会長、広島）、合田一家（温井完治総長、山口）、浅野組（串田芳明組長、岡山）、俠道会（池澤望会長、尾道）、親和会（吉良博文会長、香川）は七月中旬、神戸の山口組総本部を訪ね、挨拶している。親山口組色の表明といえそうである。

他に大阪の酒梅組（金山耕三朗組長）も山口組の髙山清司若頭が後見しているし、京都の会津小鉄会（図越利次会長）は司忍組長の代紋違いの舎弟である。

激戦地は新宿・歌舞伎町

現在、山口組は周囲に親山口組の独立組を衛星のようにめぐらす一方、舎弟として組織を影響下に置き、山口組帝国を築きつつあるといって過言ではない。残る非山口組の主要組織は冒頭で述べたように、東京の住吉会と極東会、それに道仁会をはじめとする九州勢だけといっていい。

山口組の現主流派は弘道会であり、弘道会はかつて愛知県下のヤクザ世界を統一した実績を持つ。その模様はビデオ『統一への道』で一部描かれているが、司忍組長—髙山清司若頭は明らかに「全国統一」を意識的に追求している。今の非山口組系団体もゆくゆく山口組の傘下に加えられ、山口組による「天下統一」と「司幕府の成立」、「山口組庇護《ひご》下の平和」さえ現実になりかねない。

とすれば、非山口組系組織は山口組の攻勢に抵抗できるのだろうか。たとえば、関東ではどうか。親睦組織「関東二十日会」は國粹会などの脱退で、すでに組織同盟的機能が働かなくなったとされる。そのため個々の組の強さだけが山口組に対する抵抗力になっている。

東西勢力が入り交じる激戦地が新宿・歌舞伎町だが、ここでは住吉会と極東会が強い勢力を張っている。かつて地元の組織は「新宿中央懇親会」を組織し、月一回、食事を共にしながらその都度発生する問題の解決に当たってきたが、現在では「東京中央懇親会」と名を変え、その分加盟員が増え、実質的に審議できる場ではなくなったが、それでも山口組を入れていない。

山口組も歌舞伎町ではさすがに地元組織と対立することを控えて、表向き組事務所を開設していない（末端の組織は別）。代わりに山口組系組織が歌舞伎町で目指すのはフロント企業の商売であり、金儲けである。

「今、ホストクラブ一軒の用心棒代といったら、月一〇万円ぐらいのものです。無理してやるようなシノギじゃないし、山口組も店から用心棒代を取るなんてことはしていない。用心棒代を取るってことはヤクザ行為だから当然、地元に知られれば騒ぎになります。代わりにフロント企業が店を経営する。

仮に経営する店がホストクラブで、うまいこと客がついてくれれば、月一億、一〇億の単位で水揚げがある。この方が全然うまみがあるわけだが、ただホストクラブも盛期は過ぎました。営業時間の規制でつぶれる店が多く、そうとう数が減ってます」

（歌舞伎町の飲食店店主）

山口組系フロント組織はアングラカジノにも手を出している。

「クラブやキャバクラの女に声を掛けて、小金持ちを連れて来させ、バカラに誘い込む。女には、客の損した額の一割をバックするからって、勧誘をかけるわけです。

が、ハイテク化された今のバカラは絶対客が損するようにできている。カードの裏に印があり、それを特殊なコンタクトレンズを目にはめて読み取り、勝負すれば、バンカーが勝つに決まってます。微細なＩＣチップを漉《す》き込んだカードも出ているそうで、ディーラーにはすべてのカードが見える。店側がその気になれば絶対、客は勝てません。大損する。大阪ミナミでも非合法カジノが客をハメ殺しにしている。松本引越センター社長の自殺もこれで、三億円からの借金を負わせ、追い込みのきつさで自殺に追い込んだって話も囁かれています」（同前）

山口組が現在東京で行っていることの主流はあまり公明正大とはいえないが、ヤクザ活動ではなく、企業活動といっていい。だが、ひとたび地元団体が弱体化すれば、とたんに相手組織に攻め込んで解体し、残った組員の吸収に走るヤクザ活動に出るだろう。今強さを誇っている在京団体にしても、今後盛衰はあり得る。有力なリーダーが代替わりすれば、内紛も起こるだろうし、弱体化もする。そのときヤクザ世界は山口組一色に染まってしまうのだろうか。

前代未聞の出来事であり、想像することさえ難しいが、冒頭に登場願った在京広域組織の幹部は小首を傾げる。

「ヤクザの全部が山口組になれば、男の売り出しは不可能になります。ターゲットが他団体なら、上位の者の命を取って、男を売り出せる。それが親戚団体なら仲間殺しになって御法度ですから、男を売り出すどころか、処分の対象にされる。そのときヤクザができることといえば、儲け仕事だけ。儲け仕事で優劣が計られる。これはつまらない。何のためにヤクザになったのか分からなくなる。

私の勘にしかすぎないけど、結局、山口組が一人勝ちした後はマフィア化じゃないですか。今でもヤクザの刑が高いから、敵のタマを取った若い者に出頭しろとは言いにくい。少し前までは一人殺して一五年、二人殺して無期が相場だったけど、今じゃ一人殺して無期ですよ。出頭したら、そいつの人生は終わりです。だから出頭させられない。

こういう面で、すでにマフィア化が始まっているわけだけど、ますますヤクザはヤクザでなくなって、地下に潜り、マフィアになっていくでしょうね」

米国マフィアとの違い

日本のヤクザとアメリカのマフィアはどこがどう違うのか。ある研究者は次のように述べている。

「日本社会における暴力団とアメリカ社会における組織犯罪とを比較して、その最大の相違点は、公然性と非公然性であろう。我が国の暴力団は、その存在については、組の事務所を市街地に開設し、代紋を堂々と掲げるなど、一般市民の十分知るところであり、また、暴力団各組内の機構や序列、その活動等についても、相当部分が把握されている。一方、アメリカの犯罪組織は、正に徹底した秘密組織であり、組織の全容は厚いベールに覆われている。したがって、組織に関する情報は、組織内協力者や事件検挙時の資料等断片的なものしかなく、これらをつなぎ合わせていくことによって、犯罪組織を類推するほかないのである」（山崎裕人『アメリカにおける組織犯罪の実態と対策』）

アメリカのマフィアは一都市一ファミリーが原則であり（ただしニューヨークは五ファミリーが集中したため抗争が絶えなかったとされる）、全米には二七ファミリーが存在するという。彼らはマフィア組織の最高決定機関である「全国委員会」を組織し、ファミリー間の紛争の調停や解決に当たり、各ファミリーにテリトリー（縄張り）と商売を割り当てるとされる。

山口組は現在、直系組長の数を九二に絞るなど、少数精鋭化を進めている。ゆくゆくは一都市一組を実現し、山口組総本部が親山口組色の団体をも統括する「全国委員会」を兼ねることを構想しているのか。すでにそれだけの力は備えているだろうが、米マフィアは退潮気味である。山口組の一人勝ちが米マフィアの二の舞になることは十分考えられる。

日本の暴力団対策法は警察が暴力団主要メンバーの犯罪歴など、ある程度、データを把握しないと、暴力団としての指定もできない仕組みを取る。しかも三年ごとに指定を繰り返すから、その都度最新データの入手が不可欠である。暴力団の側は今、極力、警察に情報提供しないから、暴力団対策法が早晩、機能しなくなるのは必至である。

警察が暴力団対策法の後に出すのは米マフィアを衰退に導いたRICO法（組織的犯罪規制法）もどきの法律である可能性は高い。なぜなら、RICO法が拡大される過程で出てきたマネーロンダリング規制法やおとり捜査、コントロールデリバリー、刑事没収、通信傍受、証人保護改革法、共謀罪など、これらの一部は日本でも法制化され、かつ論議の対象になっている。

山口組はさらに膨張の一途をたどるのか、恐竜の運命をたどるのか、今が分かれ道なのかもしれない。

直参組長引退の条件

引退時の慰労金制度

一〇月五日、山口組の岸本才三最高顧問が引退した。頬からあごに掛けての真っ白なひげ、前職が神戸市役所職員という異色の経歴で知られていた。

元兵庫県警勤めの刑事OBが言う。

「市役所勤めとはいっても、市立王子動物園で動物の飼育係をしていたらしい。根は気持ちがやさしい人なんだろう。

田岡三代目時代の一時期、若頭補佐だった中山美一（直系中山組組長）の引きで山口組の直系若衆になり、田岡の秘書役になった。とりわけフミ子夫人に可愛がられ、田岡家の台所にも自由に出入りできた。いわば田岡家の執事みたいな立場だ。田岡が死んだ後はフミ子夫人を助け、竹中正久四代目の実現に力を尽くした。中年までカネがなくてピーピーしていたが、晩年、五代目時代にカネに恵まれた。そこそこ残して、引退しようとなったんじゃないか」

　田岡三代目時代に直系だった直参は岸本組長の引退で跡を消し、山口組では急速に世代交代が進んでいる。

　直系組長の一人が言う。

「岸本さんは来年で八〇歳だから引退したいということだったけど、年齢が近い人は他にもいる。岸本さんと同様、最高顧問に控える野上哲男さん（吉川組、大阪）、石田章六さん（章友会、大阪）、大石誉夫さん（大石組、岡山）、西脇和美さん（西脇組、神戸）、尾崎彰春さん（心腹会、徳島）という各顧問、それに若頭補佐だった現・舎弟の英五郎さん（英組、大阪）、みんな昭和一〇年より前に生まれた世代です。

　こういう人たちは岸本さんに『辞めるんなら、一緒に辞めようじゃないか』と言ったそうです。だけど一人が辞めると、直系組長約九〇人は一人当たり各一〇〇万円を拠出しなければならない。それで合計一億円近くを慰労金として引退組長に贈る。七人が一遍に辞めたら直系組長一人が各七〇〇万円以上出さなければならなくなる。これは痛い。出したくても、懐が許さず、出せない直参だっている。ということは、この先いつまで引退時の慰労金制度がもつか、ということです。年金と同じで、われわれの世代はもらえないかもしれない」

現在、山口組の直参たちはよほどカネに余裕がないとつとまらなくなった。田岡時代の「山老会」では子分を一人も持たなくても、古参の一人組長として月の定例会に参加できたが、今は「老兵は消えゆくのみ」といった世知辛さである。

「平日には毎日五〇人からの直系組長が何も用がないのに、山口組本部に詰めている。昼一～二時には引き揚げるけど、翌日また一〇時ごろには『出勤』する。本部に詰めている間、自分のシノギはこなせない。シノギを腹心に任せるか、シノギなしに、若い者からの上納金だけでまかなうか。どっちにしろ大組織でないと、もたない。つまり年寄りと事務能力がない者、貧乏人には直参を辞めてもらう、というのが今の山口組です。カネの切れ目が縁の切れ目になっている」(別の直系組長)

民主党支援の本部通達

ところで山口組が〇七年七月の参院選で傘下の直系組織に民主党を支援するよう通達を出していたことが分かったと、『夕刊フジ』(〇七年一〇月一二日付)が伝えた。報道の真偽は依然不明なものの、この山口組の民主党支援通達と、岸本才三最高顧問の引退を結びつける説がある。

「六代目山口組の主流である弘道会は昔からトヨタ自動車やその労組と関係が深い。労組は民主党系で、弘道会は衆・参議員ばかりか県議、市議のレベルまでトヨタ労組系の候補を推すことが多い。

そうした習慣から今年七月の参院選でも、山口組本部として民主党の支援を打ち出した。世話焼きになったのが五代目時代の岸本才三元総本部長だったわけだが、今回の参院選の愛媛選挙区で直系松山会（正田悟会長、愛媛）系伊藤会の住田優正幹部が、元Jリーガーの民主党候補・友近聡朗議員を応援したいと、有権者に票の取りまとめを頼んだ。それが発覚し、八月三日、愛媛県警に公選法違反容疑で逮捕された。岸本才三最高顧問は愛媛の流れを受け、通達が外に漏れた責任を取って引退したという話です」（大阪府警詰めの記者）

直系組長の一人は「本部通達は事実だが」と、とりあえず言う。

「参院選の前、私のところにも本部から電話があった。『今の自民党はヤクザを潰す法律ばかり作っている。自民党・公明党政権だと、いつかわれわれは潰されてしまう。大変なことになるから、今回は自民党の動きをストップするため、民主党に勝たせたい。よろしくお願いする』という内容だった。

本部通達といえば、高山清司若頭、岸本最高顧問、入江禎総本部長の三人が中心になって、出すか出さないか、どういう内容で出すかを決める。だが、だからといって、通達が洩れたことで岸本さんが責任を取ったということはない。それは完全にウソ。岸本さんは痩せて、顔も小さくなって、自分の体に限界を感じたから、辞めたまでです」

本部通達と岸本引退との間には何の関係もないと断言するのだが、またこうも付け足す。

「われわれを潰すという点では自民党も六代目山口組も同じですよ。山口組の資産を削って、われわれをよくしてくれるっていうなら分かる。

実際は逆です。われわれからカネをむしり取って、いい利権は全部執行部と執行部の息が掛かった直参だけが抱え込む。喧嘩しちゃダメ、悪いことしちゃダメと禁止ばかりだけど、そのくせ息が掛かったところがクスリ（覚醒剤）に触っても、見て見ぬ振り。

直参になっても夢も見れない。夢を見れない組織は長続きしない。私だって引退したいけど、カネがないから引退もできない。カネをもってる若い者もいないから、組の跡目も継がせられない。賢い人、カネを残した人は病気だとか、当たり障りなく、別に理由をつけて辞めてますよ。

直参の六〜七割はもう山口組から心が離れている。この先、悪いことが起こらなければいいなって願ってます。何か事が起これば、山口組はばらばらになります」

かなり山口組の前途に対して悲観的である。「悪いこと」とは内紛とか内部分裂とかを指すらしい。

だが、たしかに自民党・公明党連立政権は暴力団に対する規制を強めている。〇七年一〇月一六日には銃犯罪に対する刑期や罰金を大幅に引き上げる銃刀法改正案を閣議決定した。

暴力団が組織の利権拡大などのため、銃を隠し持ったり、発砲事件を起こしたりすると、ふつうより刑を重くする「加重処罰規定」を新設した。例えば拳銃を実弾とともに所持すると、通常は三年以上の刑だが、暴力団の場合は加重処罰規定を適用して、五年以上の懲役と三〇〇〇万円以下の罰金をダブルで食らう。しかも原案段階では組員が発砲事件などを起こすと、組長の監督責任を問い、組長にも罰金刑を科す

「両罰規定」の創設も検討していた。

「両罰規定」は見送られたが、今後は組員がカチコミで一発、相手側の組事務所に向けて発砲し、逮捕されようものなら、大変な出費を強いられる。「実弾とともに所持」で五年以上、三〇〇〇万円以下の罰金、しかも「発砲行為」が加わり、無期または五年以上の懲役、三〇〇〇万円以下の罰金が併科される可能性があるのだ。

八月末には、警察庁は〇八年四月から、銃器の摘発につながる情報提供者に銃一丁当たり一〇万円前後の「報奨金」を支払う方針を固めた。寄せられた情報で銃器が押収されただけでは払わず、情報で銃器の所有者を検挙できることが条件だが、にしても、情報提供者にカネを払ってまで暴力団を追い詰めようとしている。拳銃をまとまって持つのは、民間では暴力団だけだから、銃器対策、即ち暴力団対策になる。

山口組にしても、音を上げ、民主党支持を打ち出したくなったのだろうが、それにしても政治に首を突っ込もうとする辺り、今までの山口組にはほとんどなかったことである。

三代目組長の田岡一雄は六八年、神戸芸能の無許可営業の件で兵庫県警の臨床尋問を受けたとき、こう供述したという。

「われわれが締め出された後、巷《ちまた》が左傾化している。安保の改定も近く、日本がどうなっていくか心配だ。われわれは右翼ではないが、真に国を憂えている」

田岡一雄は単に憂国の情を吐露したにすぎず、山口組の利害から発言したことではない。ヤクザの利害に関係ある発言は後に一和会を結成することになる山本広で、彼は田中内閣が成立した直後、日本國粋会（当時の呼称）などが主催する湯河原での会合に参加し、

「われわれの社会から、政界に大物を出す必要がある。そうすれば取締当局の風当たりをさけることができるし、世間もわれわれに対する見方を変えるであろう」

と発言したとされる。

世代交代と精鋭化

山口組執行部の通達はこの山本広の発言に近いが、さすがに当時と時代は変わっている。今や、われわれの側から政界に大物を出そうとは言わず、単に民主党に投票しようと呼び掛けるのみである。通達がどれほど選挙に影響があったものか、なかったものか不明だが、こうした発想自体が弘道会的、あるいは名古屋的なのかもしれな

い。政権が民主党に変われば、暴力団への締め付けは弱まるのか。とてもそうは思えないが、山口組執行部は民主党政権に変われば、暴力団政策を変える自信があるのか。本当にあるのかもしれない。

　トヨタ自動車は前の日本経団連会長を出していた企業である。財界代表といっていい。しかも弘道会は愛知県警をばっちり押さえて、県下から事件らしい事件を起こさせない。見事なほどである。髙山若頭が愛知県での経験を日本全国に拡大適用できると考えている可能性はある。

　こうした考え自体が世代交代の賜物《たまもの》かもしれない。もちろん関西の、お上はお上で勝手にやりなはれ、わしらはわしらで勝手にやるという町人的ヤクザ道とは異なる。もちろん関東の、お上のご意向には逆らいません、われわれは世間のおじゃま虫ですからという路線とも異なる。第三の道が中京圏、名古屋に生まれたのか。

　とすれば、六代目山口組で進んでいることは単に世代交代ではなく、地域交代、地域に根ざす考えの交代も織り込んでいるはずである。司忍組長が刑務所を出た後、山口組の総本家には住まず、新本家を名古屋に移すという話が一時流れたが、すでに六代目山口組は実質的な本家を神戸から名古屋に移したともいえる。

実際に名古屋が山口組の都となれば、現在、神戸屋敷を設けて日参している直参たちの中には、これで助かると思う者も少なくないだろう。関東圏以北の直系組長たちにとっては福音《ふくいん》のはずである。当の髙山若頭も神戸への単身赴任を解消できる。関西経済圏は相変わらず長期低落を免れていないが、発展する中京経済圏への転出は山口組にプラスと出る可能性が高い。山口組は名古屋で真の新型少数精鋭ヤクザ集団に脱皮するのかもしれない。

続発する迷宮入り事件

アメ横射殺事件の謎

ヤクザがヤクザを殺したと見られる殺人事件に迷宮入りが頻発している。人通りが絶える真夜中ならともかく、人目が多い白昼堂々、拳銃やナイフを使って人を殺しながら、犯人はほとんど逃げ切っている。

なぜ犯人は逮捕されないのか。市民の協力が得られないのか、警察の捜査力が衰えているのか、暴力団が警察をなめているのか、さまざまな理由が考えられるが、とにかく犯人は逮捕されず、野放しのまま。殺しの謎は謎として残され、いっこう解明されない。

〇七年一〇月一四日、昼一一時ごろ、東京・御徒町《おかちまち》「アメ横」近くの路上で二〜三人の男が拳銃で山健組系多三郎一家福富組（名古屋）の中西真一元幹部（四二）を射殺した事件も、犯人は未逮捕のままである。

中西元幹部は背中を三発撃たれ、うち二発が貫通していた。手に刃物によるとみられる切り傷もあり、足元に血の付いた包丁が落ちていた。現場近くで店を営む目撃者は証言している。

「発砲音がした後、右手に拳銃を持った男が倒れた男性の尻を何度も蹴っていた」

中西元幹部は搬送先の病院で出血性ショックのため、二時間後に死亡した。主に東京周辺で活動していた組幹部だったが、〇七年九月に福富組を破門されたという。発砲した男たちはタクシーで逃走し、逃げた男らのうち二人は三〇〜五〇代で、身長約一七〇センチ。黒っぽい帽子と上着、ジーンズ姿だったと伝えられる。

中西元幹部については、〇七年五月三一日の夕方六時過ぎ、神戸市中央区の路上で刺殺された山健組系多三郎一家（名古屋）後藤一男総長との関係が囁かれている。この刺殺事件も犯人は未逮捕で、今のところ迷宮入りである。

事件発生直後に伝えられた事件のおおよそはこうである。

後藤総長は年配の男と一緒に新神戸駅に近い路上を歩いていて、口論になった。後藤総長が立ち止まり、突然「なんじゃ、コラ！」と怒鳴った直後、年配の男は後藤総長の腹を刃物で刺し、後藤総長はその場に倒れた。男はそのまま走って逃走した。年齢は六〇歳ぐらい、身長約一六〇センチ、灰色のTシャツと灰色の帽子をかぶっていたという。

後藤総長は病院に搬送されたが、間もなく死亡した。後に逃走に使われたと見られる愛知ナンバーの盗難車が六甲山麓で発見されている。後藤総長は山健組では舎弟だったが、何らかの理由で破門され、その件で神戸に行ったところ、何者かに刺殺されたらしい。

事件を追及してきた全国紙の記者がアメ横と神戸、二つの殺しをつなぐ点と線を説明する。

「後藤総長を刺殺した犯人は一人と兵庫県警は見ていますが、神戸に捜査に入った愛知県警は二人だとしています。犯人のうち一人は拳銃を持ち、一人はドスを持っていた。

ドスを持っていた方が後藤総長を刺したのでしょうが、実は後藤総長の側も一人ではなく、後で東京・御徒町で射殺される事になる多三郎一家福富組の中西真一元幹部が後藤総長とこの日、行動を共にしていたといわれています。後藤総長は現場近くに愛人を囲っていたとかで、彼は愛人宅に行く途中だったとされてます。

その途中で後藤総長は襲われた。中西元幹部はとっさに逃げたが、犯人の顔は見ている。事件直後から山健組の内部犯行説が囁かれたぐらいですから、内部犯行という仮説をとれば、当然、中西元幹部は、犯人は山健組系のどこの組織に属する誰か、ということを知っていたはずです。中西元幹部は『俺も殺られる』と言って事件直後から行方をくらまし、四ヵ月後、組から破門され、結局は半年後、東京で殺されるわけです」

この解説が真相に近いなら「死人に口なし」を地で行く凄まじい内部粛清が吹き荒れたことを意味する。しかも因縁話はこれで終わりではない。

疑惑の拳銃自殺

○七年七月三一日の昼近く、名古屋市昭和区の駐車場に停まっていた乗用車内で山健組系福富組・大滝良友幹部（五九）が左胸から血を流して死んでいるのを、近くの住民が発見し、地元の昭和署に届け出た。

車はエンジンがかかり、ドアと窓は閉まっていたが、ドアロックは掛かっていなかった。大滝幹部はシートベルトをしたまま運転席で座った状態で死んでいた。服装に乱れはなく、助手席の下に拳銃が落ちていた。手と着衣から硝煙反応は出たが、付近の住民は発砲音を聞いていない。

昭和署は自殺と他殺の両面で捜査したが、自殺なら、なぜ運転席の左側、助手席の下で拳銃が見つかったのか、捜査員の一人は疑問を口にしている。右利きの人間が拳銃を左手で撃つことはない。両手で銃を構え、自分の左胸に向けて撃ったにしても、引き金を引くのは（この場合は押すだが）右手親指のはずだから、拳銃が左側に落ちることはない。

犯人は車を発進しかかった大滝幹部を呼び止め、運転席側の車外からドアを開けて、あるいは助手席に座って、大滝幹部の胸に無造作に銃を押し当て、大滝幹部が反射的に胸を庇《かば》ったとき、引き金を絞り、発射後、拳銃を助手席方向に捨てた可能性もある。大滝幹部の手の硝煙反応は他殺説でも矛盾はしないのだ。

注目すべきは大滝幹部の年格好である。彼の年齢と風采は、刺殺された多三郎一家・後藤一男総長殺しで目撃された犯人像「六〇歳ぐらいで、身長一六〇センチ前後」にほぼ一致するという。大滝幹部は後藤総長を殺した後、仕返しか口封じのために、殺されたのかもしれないという線が出てきた。

先の記者が解説を続ける。

「大滝幹部は東京のヤクザにカネを借りていた。が、死ぬ二日前、『近く大金が入るから、借金はきちんと返します』と明るい声で話していたというのです。そういう人間に自殺は考えられるか。後藤総長が殺されてぴったり一ヵ月後、大滝幹部は死んだ。後藤総長殺しを依頼した組織は実行犯に報酬を払うのかどうか。払うとしたらいつ払うのか。殺された後藤総長側に親の仇を取る人材が残っているのかどうか。小首を傾げることばかりです。

大滝幹部の死も、死ぬことで消された線であり、死んだという事実が単に点だけを残したんです。しかし線は『死人に口なし』で消されても、残された点と点の間に線を引いてやることで、消された殺し殺されの関係が浮き上がってくるのではないかと考えてます」

もちろん他殺説は一つの仮説でしかなく、記者が唱える「点と線」も仮定に仮定を重ねた一つの見方にすぎない。これが真相だと主張するつもりは毛頭なく、ここで提示するのは山健組系多三郎一家に続発した殺しと死という事実だけである。

やる気の見えない警視庁

山健組系多三郎一家で相次いだ殺しと死は不気味な妖気を放っている。他の直系組でも山健組系列で進む異常事態に気づいている。

「山健組の知り合いに『一体どうなってるんだ』と聞いても、『ええ、まあ……』と口を濁して、話そうとしない。話すのが嫌なのか、話すと自分の身がヤバイと思っているのか。そんな状態ばかりなんで、最近ではわしらも聞きません。聞いて、本当のことが分かるわけでもなし、もうサジを投げてます」(関西の直系組幹部)

山健組の中堅幹部も冴えない顔でうなずく。

「山健組に所属している以上、山健組が発展してくれればいいと思ってます。しかし、今組は何かがおかしくなっている。仲間うちでも事件の話は出るけど、いつも話は尻切れトンボで終わる。真相がまるで見えない。だから、今考えているのは、組は組だ、自分はせいぜい自分の商売に精を出そうということ。私ごとき中堅が組のことをあれこれ心配したって始まらない」

東京・アメ横の事件を手掛ける警視庁組織犯罪対策四課の刑事たちにも事件を解明

しようという熱は感じられない。

元四課のOBが語る。

「〇七年二月に西麻布で起きた二人組による住吉会系小林会幹部射殺事件にしろ、迷宮入りです。これは國粋会が中国人を雇って殺った殺しだ。犯人は中国に高飛びして逮捕は不可能だなどといって、さっぱりやる気を見せない。

アメ横の事件だって同じです。警察はやる気がない。こいつら、『暴力団が暴力団を殺れば、数が減る、結構なことだ』と考えてるんじゃないかって、思わず顔を見ちゃいます。

今、警視庁の組対も東京のヤクザも関心は足元の事件にはなく、九州に向いてます。道仁会と九州誠道会の抗争がどういう決着になるのか。九州には山口組の中でも有力組織がそうとう出ている。こういうところが抗争に介入すると、今以上に騒がしくなる。そうなれば警察庁も黙っていず、暴力団取締の新法を出してくるんじゃないかって、ヤクザたちは警戒もしてます」

した）。

入院患者射殺事件とヤクザの混迷

犯人を逮捕できていないという点では一一月八日、朝七時四〇分ごろ、佐賀県武雄《たけお》市の整形外科病院で起きた入院患者射殺事件も他の事件と共通する（〇七年一一月二五日、福岡県警は事件の実行犯である道仁会系組員・今田文雄容疑者（六一）を逮捕した）。

板金工場経営の宮元洋さん（三四）は三週間前、ラグビーの試合中にアキレス腱を切って入院し、リハビリ中だった。二階病室で寝ていたところ、身長一六〇〜一七〇センチ、茶色のジャンパーにベージュのズボン、サングラス、黒いニット帽、白い手袋をはめた男が正面玄関から入って病室に侵入、拳銃を何発か宮元さんに向けて撃ち、宮元さんは動脈損傷で間もなく死亡した。男は発射後、正面玄関から出て、白いクラウンと見られる乗用車で走り去ったという。男の姿は病院のビデオカメラで撮影され、テレビのニュースでも公開された。

宮元さんには暴力団との接点がなく、かつ病院には以前、暴力団関係者が入院していたことから、宮元さんは暴力団組員に人違いされ、殺されたと見られている。

事件を追う記者が言う。

「ビデオに映し出された男の姿からは道仁会系の組員が名指しで噂されてます。また九州誠道会の内紛という話も出てますが、どっちにしろ県警は宮元さんの身辺を徹底的に洗ったところ、暴力団との関係は浮上しなかったと言ってます。

ところが警察は、あれほど男の画像が鮮明にとらえられているにもかかわらず、事件発生後一週間たっても犯人逮捕に至っていない。そのくせビデオ画像を公開している。口封じで犯人が殺される可能性を考えていないのか、警察は何を考えているのか、疑います」

宮元さんは暴力団の組員と間違えられ、対立する暴力団組員の手で誤射された可能性が高い。回転式拳銃を持ち、拳銃で人を殺傷する人間は暴力団世界にしかいないと見るのが常識だろう。警察の捜査が遅く、結果的に実行犯を野放しにしていることも他の事件と同じである。

今ヤクザ、暴力団の世界は混迷している。組と組との抗争で人を殺し、内紛で仲間を殺す。仲間や一般人を殺すことにためらいはなく、銃撃した後、倒れた被害者の尻を蹴ることまでしている。

山口組は原点回帰を唱え、代々の組長を尊崇《そんすう》して各事務所に額を掲げ、墓参りを欠かさない。他団体とは盃や後見のシステムで交わりを深め、抗争の発生を未然に防いで、共存共栄することを目標に掲げている。

しかし、その裏で傘下の有力組が親殺し、仲間殺しの、不可解な死闘を繰り広げている。こうした事態は、良き山口組に脱皮するための摩擦熱、一時的現象というつもりなのか。山口組に限らず、日本ヤクザはマフィア化への傾斜を深めている。みずからしでかした殺しに対して、末端組員の自首、服役という犠牲も払おうとしない。一般人を殺傷することさえ、彼らの日常業務になろうとして、しかも警察の捜査力の衰えは目をおおうばかりである。

伝統回帰の旗の下でマフィア化が進み、一般人がこれを防ぐ手はほぼない。

あとがき

五代目組長・渡辺芳則の時代には総じて眠っていたかのような山口組だったが、二〇〇五年五月、弘道会元会長の司忍が若頭に上ってからは、俄然、動きが活発になった。若頭・宅見勝が中野会の手で射殺されて以降、長らく山口組は沈滞していたのだが、久しぶりに動きから目が離せなくなった。

いうまでもなく山口組は日本最多の構成員を擁する日本最大の暴力団である。その名は海外にも広く知れ渡っている。そういう山口組が動き始めた以上、三代目組長・田岡一雄の時代から山口組を見続けてきた筆者としては、否応なくリポートせざるを得ない。本書は〇五年からその都度雑誌に発表してきたリポートを基本にし、全体の流れを明らかにするため、要所、要所に書き下ろしの文章を加えている。

六代目山口組は発足からまだ日が浅く、しかも組長の司忍は東京・府中刑務所で服役している。出所までにまだ数年を残し、本書をもって六代目山口組を描出したものというわけにはいかない。が、それでも六代目山口組の基本性格は今現在、おおよそ明らかになってきている。

すでに山口組は暴力団全メンバーの半数を占めるまでに寡占化《かせんか》した。今後も山口組の肥大化と、他団体に対する系列化の動きは進むにちがいない。近い将来、日本の暴力団が山口組の手でゆるやかに統合され、一本化される可能性も出てきた。すなわち系列同士の紛争や抗争はムダとして排除され、業界全体の利益が追求されていく。

一本化、統合化は皮肉なことに「振り出しに戻る」を意味するはずだが、群雄割拠状態に戻るのではない。統合が成った暁には、地域の顔役や親分衆は根こそぎ消え失せ、ヤクザは匿名性の高いマフィアへと変質しているはずである。ちょうどアメリカのイタリア系マフィアが主要都市をファミリーとして統治し、主要マフィアが一堂に会するコミッション（全国委員会）で全体的な方針や利益配分を決めるのと同じことである。

マフィア化を推進するのは山口組の思惑ばかりではない。警察や検察など取り締まる側が整える法令や体制、取り組み姿勢もマフィア化を加速する。いずれ暴力団対策法など現行の法令は陳腐・無力化し、暴力団の結社や加盟、勧誘などを有罪とする新法の施行が必至のはずである。これらもまた暴力団にマフィア化を促す要因になろう。

このような意味で六代目山口組は曲がり角にある暴力団の典型例となり、暴力団全体のよき指標になり得る。暴力団の今後を占う上で山口組の動向を見ることは不可欠の作業のはずである。

本書の刊行は竹書房・牧村康正専務のひとかたならぬご尽力に負う。リポートの雑誌掲載と併せ、同氏に深謝する次第である。

二〇〇七年一二月

溝口　敦

（本文中では一部敬称を略させていただいた）

本書は二〇一〇年四月に竹書房文庫から刊行された『六代目山口組 宮廷革命の勝者』を改題し、加筆・改筆のうえ再編集したものです。

溝口 敦―ノンフィクション作家。ジャーナリスト。1942年、東京都に生まれる。早稲田大学政治経済学部卒業。出版社勤務などを経て、フリーに。
著書には『溶けていく暴力団』(講談社＋α新書)、『暴力団』『続・暴力団』(以上、新潮新書)、『歌舞伎町・ヤバさの真相』(文春新書)、『パチンコ「30兆円の闇」』(小学館文庫)、『武富士 サラ金の帝王』『食肉の帝王』、さらに『ヤクザ崩壊 侵食される六代目山口組』『血と抗争 山口組三代目』『山口組四代目 荒らぶる獅子』『ドキュメント 五代目山口組』『武闘派 三代目山口組若頭』『撃滅 山口組VS一和会』『四代目山口組 最期の戦い』(以上、講談社＋α文庫) などの一連の山口組ドキュメントがある。常にきわどい問題を扱い続けるハード・ノンフィクションの巨匠。『食肉の帝王』で、第25回講談社ノンフィクション賞を受賞した。

講談社＋α文庫 六代目山口組《ろくだいめやまぐちぐみ》ドキュメント 2005〜2007

溝口《みぞぐち》 敦《あつし》

2013年10月21日第1刷発行
2015年12月 7 日第4刷発行

発行者――鈴木 哲
発行所――株式会社 講談社
東京都文京区音羽2-12-21 〒112-8001
電話 編集(03)5395-3522
販売(03)5395-4415
業務(03)5395-3615

カバー写真――朝井 豊
デザイン――鈴木成一デザイン室
本文データ制作――講談社デジタル製作部
カバー印刷――凸版印刷株式会社
印刷――豊国印刷株式会社
製本――株式会社国宝社

落丁本・乱丁本は購入書店名を明記のうえ、小社業務あてにお送りください。
送料は小社負担にてお取り替えします。
なお、この本の内容についてのお問い合わせは
第一事業局企画部「＋α文庫」あてにお願いいたします。
Printed in Japan ISBN978-4-06-281535-2
定価はカバーに表示してあります。

講談社+α文庫 Ⓖビジネス・ノンフィクション

血と抗争 山口組三代目	溝口 敦	日本を震撼させた最大の広域暴力団山口組の実態と三代目田岡一雄の虚実に迫る決定版！	880円	G 33-1
山口組四代目 荒らぶる獅子	溝口 敦	襲名からわずか202日で一和会の兇弾に斃《たお》れた山口組四代目竹中正久の壮絶な生涯を描く！	880円	G 33-2
武闘派 三代目山口組若頭	溝口 敦	「日本一の親分」田岡一雄・山口組組長の「日本一の子分」山本健一の全闘争を描く!!	880円	G 33-3
撃滅 山口組VS一和会	溝口 敦	四代目の座をめぐり山口組分裂す。「山一抗争」の経過。日本最大の暴力団を制する者は誰だ!?	840円	G 33-4
ドキュメント 五代目山口組	溝口 敦	「山一抗争」の終結、五代目山口組の組長に君臨したのは!? 徹底した取材で描く第五弾!!	840円	G 33-5
武富士 サラ金の帝王	溝口 敦	庶民の生き血を啜《すす》る消費者金融業のドンたちの素顔とは!? 武富士前会長が本音を語る!!	781円	G 33-6
食肉の帝王 同和と暴力で巨富を掴んだ男	溝口 敦	ハンナングループ・浅田満のすべて！(暴)担当も驚く、日本を闇支配するドンの素顔!!	838円	G 33-7
池田大作「権力者」の構造	溝口 敦	創価学会・公明党を支配し、世界制覇をも目《もく》論む男の秘められた半生を赤裸々に綴《つづ》る!!	838円	G 33-8
新版・現代ヤクザのウラ知識	溝口 敦	暴力、カネ、女…闇社会を支配するアウトローたちの実像を生々しい迫力で暴き出した！	838円	G 33-10
「ヤクザと抗争現場」溝口敦の極私的取材帳	溝口 敦	抗争の最中、最前線で出会った組長たちの素顔とは？ 著者が肌で感じ記した取材記録！	838円	G 33-11

＊印は書き下ろし・オリジナル作品

表示価格はすべて本体価格（税別）です。本体価格は変更することがあります

講談社+α文庫 Ⓖビジネス・ノンフィクション

「強い自分」は自分でつくる なぜ、この人は成功するのか	弘兼憲史	逃げない男、取締役島耕作。逆境は必ず乗り越えられる。失敗をしてもクヨクヨするな!!	640円	G 54-3
島耕作に知る「いい人」をやめる男の成功哲学	弘兼憲史	自分の中の「だけど」にこだわったほうが人生はうまくいく。潔《いさぎよ》さが生む〝人望力〟に迫る	648円	G 54-6
*社長 島耕作の成功するビジネス英会話	弘兼憲史 巽一朗 巽スカイ・ヘザー	ビジネスに不可欠な会話やタフな交渉術を、サラリーマンの頂点に立つカリスマに学ぶ!	619円	G 54-8
墜落遺体 御巣鷹山の日航機123便	飯塚訓	慟哭《どうこく》、錯乱、無惨。全遺体の身元はこうして確認された! 現場責任者が全貌を明かす!	680円	G 55-1
墜落現場 遺《のこ》された人たち 御巣鷹山、日航機123便の真実	飯塚訓	衝撃のベストセラー『墜落遺体』の著者が、さらなる極限の悲しみに、渾身《こんしん》の力で迫る!	686円	G 55-2
その日本語、伝わっていますか?	池上彰	著者の実体験から伝授! 日本語の面白さを知れば知るほど、コミュニケーション能力が増す	648円	G 57-3
*闇の系譜 ヤクザ資本主義の主役たち	有森隆 グループK	堀江、村上から三木谷、宮内義彦……日本経済の舞台裏を人間関係を通じて徹底レポート	743円	G 60-5
新版・企業舎弟 闇の抗争 黒い銀行家《バンカー》からヒルズ族まで	有森隆 グループK	大銀行からヒルズ族まで、裏社会はいかに表社会と結びつき、喰い尽くしていったのか!?	838円	G 60-6
*脱法企業 闇の連鎖	有森隆 グループK	新聞・TVが報じない日本経済の内幕とは? 真っ当な投資家に化けた暴力団の荒稼《かせ》ぎぶり	762円	G 60-7
「規制改革」を利権にした男 宮内義彦 「かんぽの宿」で露見した「政商の手口」	有森隆	国からの「待った!」で破綻しはじめる宮内商法の全貌。「ストップ・ザ・改革利権!」	819円	G 60-8

*印は書き下ろし・オリジナル作品

表示価格はすべて本体価格(税別)です。本体価格は変更することがあります

創業家物語 世襲企業は不況に強い　有森　隆
トヨタ自動車、ソニー、パナソニック、吉本興業など、超有名企業51社「暖簾の秘密」
876円 G 60-9

銀行消滅(上) あなたのメインバンクの危機を見極める　有森　隆
UFJ、拓銀、長銀、日債銀……「消えた」先例に学ぶ「わが銀行資産を守る方法」第1弾
762円 G 60-10

銀行消滅(下) あなたのメインバンクの危機を見極める　有森　隆
先例に学ぶ「わが銀行資産を守る方法」第2弾! りそな、九州親和、兵庫、新潟中央銀行
762円 G 60-11

機長の一万日 コックピットの恐さと快感!　田口美貴夫
民間航空のベテラン機長ならではの、コックピット裏話。空の旅の疑問もこれでスッキリ
740円 G 62-1

ナニワ金融道 ゼニのカラクリがわかるマルクス経済学　青木雄二
ゼニとはいったいなんなのか!? 資本主義経済の本質を理解すればゼニの勝者になれる!!
740円 G 64-2

ナニワ金融道 スーパー不況を乗りきるゼニの実学　青木雄二
ゼニ儲けできる人間の資質とは何か? 時代を超えて説得力を増す「青木流」新経済学!
724円 G 64-3

暮らしてわかった! 年収100万円生活術　横田濱夫
はみ出し銀行マンが自らの体験をもとに公開する、人生を変える「節約生活」マニュアル
648円 G 65-4

安岡正篤 人間学　神渡良平
政治家、官僚、財界人たちが学んだ市井の哲人・安岡の帝王学とは何か。源流をたどる
780円 G 67-2

流血の魔術 最強の演技 すべてのプロレスはショーである　ミスター高橋
日本にプロレスが誕生して以来の最大最後のタブーを激白。衝撃の話題作がついに文庫化
680円 G 72-2

知的複眼思考法 誰でも持っている創造力のスイッチ　苅谷剛彦
全国3万人の大学生が選んだナンバー1《ワン》教師が説く思考の真髄《しんずい》。初めて見えてくる真実!
880円 G 74-1

表示価格はすべて本体価格(税別)です。本体価格は変更することがあります

*印は書き下ろし・オリジナル作品

講談社+α文庫 Ⓖビジネス・ノンフィクション

*最期の日のマリー・アントワネット ハプスブルク家の連続悲劇　川島ルミ子
マリー・アントワネット、シシーなど、ハプスブルクのスター達の最期！ 文庫書き下ろし　743円 G 219-2

徳川幕府対御三家・野望と陰謀の三百年　河合　敦
徳川御三家が将軍家の補佐だというのは全くの誤りである。抗争と緊張に興奮の一冊！　667円 G 220-1

自伝大木金太郎 伝説のパッチギ王　大木金太郎 太刀川正樹 訳
'60年代、「頭突き」を武器に、日本中を沸かせたプロレスラー大木金太郎、感動の自伝　848円 G 221-1

マネジメント革命 「燃える集団」をつくる日本式「徳」の経営　天外伺朗
指示・命令をしないビジネス・スタイルが組織を活性化する。元ソニー上席常務の逆転経営学　819円 G 222-1

人材は「不良社員」からさがせ 奇跡を生む「燃える集団」の秘密　天外伺朗
仕事ができる「人材」は「不良社員」に化けている！ 彼らを活かすのが上司の仕事だ　667円 G 222-2

エンデの遺言 根源からお金を問うこと　河邑厚徳＋グループ現代
ベストセラー『モモ』を生んだ作家が問う。「暴走するお金」から自由になる仕組みとは　838円 G 223-1

本がどんどん読める本 記憶が脳に定着する速習法！　園　善博
「読字障害」を克服しながら著者が編み出した、記憶がきっちり脳に定着する読書法　600円 G 224-1

情報への作法　日垣　隆
徹底した現場密着主義が生みだした、永遠に読み継がれるべき25本のルポルタージュ集　952円 G 225-1

ネタになる「統計データ」　松尾貴史
ふだんはあまり気にしないような統計情報。松尾貴史が、縦横無尽に統計データを「怪析」　571円 G 226-1

原子力神話からの解放 日本を滅ぼす九つの呪縛　高木仁三郎
原子力という「パンドラの箱」を開けた人類に明日は来るのか。人類が選ぶべき道とは？　762円 G 227-1

*印は書き下ろし・オリジナル作品

表示価格はすべて本体価格(税別)です。本体価格は変更することがあります

講談社+α文庫 Ⓖビジネス・ノンフィクション

大きな成功をつくる超具体的「88」の習慣
小宮一慶
将来の大きな目標達成のために、今日からできる目標設定の方法と、簡単な日常習慣を紹介
562円 G 228-1

「仁義なき戦い」悪の金言
平成仁義ビジネス研究所 編
名作『仁義なき戦い』五部作から、無秩序の中を生き抜く「悪」の知恵を学ぶ！
724円 G 229-1

エネルギー危機からの脱出
枝廣淳子
目指せ「幸せ最大、エネルギー最小社会」。データと成功事例に探る「未来ある日本」の姿
714円 G 230-1

世界と日本の絶対支配者ルシフェリアン
ベンジャミン・フルフォード
著者初めての文庫化。ユダヤでもフリーメーソンでもない闇の勢力…次の狙いは日本だ！
695円 G 232-1

「3年で辞めさせない！」採用
樋口弘和
膨大な費用損失を生む「離職率が入社3年で3割」の若者たちを、戦力化するノウハウ
600円 G 233-1

管理職になる人が知っておくべきこと
内海正人
伸びる組織は、部下に仕事を任せる。人事コンサルタントがすすめる、裾野からの成長戦略
638円 G 234-1

IDEA HACKS！
今日スグ役立つ仕事のコツと習慣
原尻淳一
小山龍介
次々アイデアを創造する人の知的生産力を高める89のハッキング・ツールとテクニック！
733円 G 0-1

TIME HACKS！
劇的に生産性を上げる「時間管理」のコツと習慣
小山龍介
同じ努力で3倍の効果が出る！ 創造的な時間を生み出すライフハッカーの秘密の方法!!
733円 G 0-2

STUDY HACKS！
楽しみながら成果が上がるスキルアップのコツと習慣
小山龍介
無理なく、ラクに続けられる。楽しみながら勉強を成果につなげるライフハックの極意！
733円 G 0-3

整理HACKS！
1分でスッキリする整理のコツと習慣
小山龍介
何も考えずに、サクサク放り込むだけ。データから情報、備品、人間関係まで片付く技術
733円 G 0-4

＊印は書き下ろし・オリジナル作品

表示価格はすべて本体価格(税別)です。本体価格は変更することがあります